Découvrez des Jeux Gratuits en Ligne

Disponible Ici :

BestActivityBooks.com/FREEGAMES

5 ASTUCES POUR DÉMARRER !

1) COMMENT RÉSOUDRE LES MOTS MÊLÉS

Les puzzles sont dans un format classique :

- Les mots sont cachés sans espaces, tirets, ...
- Orientation : Les mots peuvent être écrits en avant, en arrière, vers le haut, vers le bas ou en diagonale (ils peuvent être inversés).
- Les mots peuvent se chevaucher ou se croiser.

2) UN APPRENTISSAGE ACTIF

Un espace est prévu à côté de chaque mots pour noter la traduction. Pour favoriser un apprentissage actif un **DICTIONNAIRE** à la fin de cette édition vous permettra de vérifier et étendre vos connaissances. Cherchez et notez les traductions, trouvez-les dans le Puzzle et ajoutez-les à votre vocabulaire !

3) MARQUEZ LES MOTS

Vous pouvez inventer votre propre système de marquage. Peut-être en utilisez-vous déjà un ? Sinon, vous pourriez, par exemple, marquer les mots qui ont été difficiles à trouver d'une croix, ceux que vous avez aimés d'une étoile, les mots nouveaux d'un triangle, les mots rares d'un diamant, etc...

4) STRUCTUREZ VOTRE APPRENTISSAGE

Cette édition vous offre un **CARNET DE NOTES** très pratique à la fin du livre. En vacances ou en voyage ou à la maison, vous pouvez facilement organiser vos nouvelles connaissances sans avoir besoin d'un second bloc-notes !

5) VOUS AVEZ FINI TOUTES LES GRILLES ?

Allez à la section bonus **CHALLENGE FINAL** pour trouver un jeu gratuit à la fin de cette édition !

Simple et Rapide ! Découvrez notre collection de livres d'activités pour votre prochain moment de détente et **d'apprentissage**, à juste un clic de distance !

Trouvez votre prochain défi sur :

BestActivityBooks.com/MonProchainLivre

À vos marques, prêts... Partez !

Saviez-vous qu'il existe environ 7 000 langues différentes dans le monde ? Les mots sont précieux.

Nous aimons les langues et avons travaillé dur pour créer les livres de la plus haute qualité pour vous. Nos ingrédients ?

Une sélection des thématiques d'apprentissage adaptée, trois belles parts de divertissement, puis nous ajoutons une cuillère de mots difficiles et une pincée de mots rares. Nous les servons avec soin et un maximum de plaisir pour vous permettre de résoudre les meilleurs jeux de mots mêlés qui soient et d'apprendre en vous amusant !

Votre avis est essentiel. Vous pouvez participer activement au succès de ce livre en nous laissant un commentaire. Nous aimerions vraiment savoir ce que vous avez préféré dans cette édition !

Voici un lien rapide qui vous mènera à la page d'évaluation de vos commandes :

BestBooksActivity.com/Avis50

Merci pour votre aide et amusez-vous bien !

De la part de toute l'équipe

1 - Été

```
U R E L A K S A S I I N A C
B U D O K E L U A R G A V A
X U C L G G A X I C D F P M
X H K O D E U Z I K H N Q P
U I T U R M T X B A J Y S I
G N R T I B E K C Y L M A N
M U S I K I M V E F I F N G
E B X R M R A R G B B P D M
N F P C Q A N Q R I U Z A A
Y P E R M A I N A N R N L K
E B D I S N P A N T A I G A
L R E K R E A S I A N E T N
A F K M Q J J U U N X D W A
M W L G B E P E R G I A N N
```

TEMAN	LAUT
CAMPING	MUSIK
BINTANG	MAKANAN
KELUARGA	PANTAI
KEBUN	MENYELAM
PERMAINAN	RELAKSASI
KEGEMBIRAAN	SANDAL
BUKU	LIBURAN
REKREASI	BEPERGIAN

2 - Adjectifs #2

```
A U K M U R N I U D S D I T
M L U P E L E G A N E T Z E
B A A V L N B I F T H C V R
R E T M I M A S L I A A X K
R I R L I A R R Z C T P Q E
X Y Y B O Z U T I D J L K N
K K R E A T I F Q K G P E A
H U A G J K B A N G G A R L
B W E K A M A S A S I N I A
C P R O D U K T I F Z A N U
D R A M A T I S T F K S G W
X G D E S K R I P T I F T Q
V G M E N G A N T U K D K Y
U U T J F L G Q K H S N D W
```

ASLI

TERKENAL

PANAS

KREATIF

DESKRIPTIF

BERBAKAT

DRAMATIS

ELEGAN

BANGGA

KUAT

MENARIK

ALAMI

BARU

PRODUKTIF

MURNI

SEHAT

ASIN

LIAR

KERING

MENGANTUK

3 - Exploration

```
K E G E M B I R A A N D B B
B E P E R G I A N M N I E I
V X N R C H H P W C O K R N
W A L Q S Y Y E Q R N E B A
B K E B E R A N I A N T A T
A A L J O N K E R B M A H A
H S H I A C T M U U B H A N
A O N A A R I U A D T U Y G
S O M M Y R V A N A E I A I
A J U E E A I N G Y K A A B
V I P Q Q D T B J A A H C A
O K E L E L A H A N D O B R
V K Y W D E S N U U K M S U
G T V W C I F J H E U G Y Q
```

AKTIVITAS	KELELAHAN
BINATANG	DIKETAHUI
KEBERANIAN	BAHASA
BUDAYA	JAUH
BAHAYA	BARU
PENEMUAN	BERBAHAYA
TEKAD	LIAR
RUANG	MEDAN
KEGEMBIRAAN	BEPERGIAN

4 - Formes

```
P G A R I S V O Q P A Q F V
K E R U C U T X V G H H C C
Z I C K Q Z X T R A S I S I
P R I S M A K E P H L P R R
K U R V A S P P E U A E U B
B T B J L Y I I L G R R K Y
C K I P I R A M I D A B C S
B O L A N P P W P X T O K E
V L Y A G S O E S J U L U G
A B R D K Y H L R T V A B I
N Y T V A F C M I S U D U T
W J M Q R H Z C J G E S S I
U S S G A B U L A T O G N G
S I L I N D E R Z B N N I A
```

ARC   ELIPS
TEPI   HIPERBOLA
PERSEGI   GARIS
LINGKARAN   OVAL
SUDUT   POLIGON
KURVA   PRISMA
KERUCUT   PIRAMIDA
SISI   BULAT
KUBUS   BOLA
SILINDER   SEGITIGA

5 - Adjectifs #1

```
A R O M A T I K M D Q I E T
C K C K K L E I U U B X A V
I J R Z T A R C T V D L Z A
A D K G I M J Q L V C A N W
T R E D F B L B A J U J U R
P E T N W A U E K I N D A H
E K C I T T G S M O D E R N
N S V E S I U A U B E R A T
T O E Z E T K R T E T N D H
I T A O A I I M E N A R I K
N I C N G P G K V I T N L O
G S A M B I S I U S I T Z K
C R I T Q S D E R M A W A N
S E M P U R N A P K V A R F
```

MUTLAK   JUJUR
AKTIF   IDENTIK
AMBISIUS   PENTING
AROMATIK   LUGU
ARTISTIK   MUDA
MENARIK   LAMBAT
INDAH   BERAT
EKSOTIS   TIPIS
BESAR   MODERN
DERMAWAN   SEMPURNA

6 - Instruments de Musique

```
B G B M K M Q O J G G A C I
A I I X S A K S O F O N F Z
S T O W Z R S E L O N S F W
S A L O K I R J I Q G B B G
O R A I S M S O N C K D A H
O X P C K B Q U R E B A N A
N L G K L A R I N E T B J R
P E R K U S I B B Y E T O M
S E R U L I N G H A R P A O
M A N D O L I N D Y O I C N
T R O M B O N O R L M A Q I
I W S L V I I B U G P N P K
N V Y R Z O H O M W E O Q A
E X L Q V G T Q U N T F P M
```

BANJO	MARIMBA
BASSOON	PERKUSI
KLARINET	PIANO
SERULING	SAKSOFON
GONG	DRUM
GITAR	REBANA
HARMONIKA	TROMBON
HARPA	TEROMPET
OBO	BIOLA
MANDOLIN	SELO

7 - Échecs

```
S  W  W  W  A  V  P  K  S  Z  W  O  P  G
T  S  E  A  E  Q  V  O  O  C  R  Y  U  H
R  A  J  A  K  R  U  C  I  N  A  H  T  I
A  P  R  A  K  T  S  N  U  N  T  J  I  T
T  E  W  X  Q  U  U  Z  J  H  U  E  H  A
E  N  D  P  Q  T  M  X  S  V  X  P  S  M
G  G  I  U  P  M  K  H  Z  Y  C  E  F  Z
I  O  A  T  A  J  J  Q  C  D  E  M  D  Y
Z  R  G  H  S  C  A  A  T  U  R  A  N  Z
E  B  O  J  I  L  A  W  A  N  D  I  U  H
Q  A  N  U  F  P  E  R  M  A  I  N  A  N
P  N  A  A  Y  M  O  V  H  A  K  R  J  G
Z  A  L  R  T  A  N  T  A  N  G  A  N  I
O  N  Z  A  T  U  R  N  A  M  E  N  F  V
```

LAWAN	PASIF
PUTIH	POIN
JUARA	RATU
KONTES	ATURAN
TANTANGAN	RAJA
DIAGONAL	PENGORBANAN
CERDIK	STRATEGI
PERMAINAN	WAKTU
PEMAIN	TURNAMEN
HITAM	

8 - Herboristerie

```
C V F D J W W K T R P K B K
M E P T V P J U I O E U A U
T A R R A G O N M I T A W L
B A O R H C N Y I R E L A I
E R S I L Q J I O A R I N N
R O E C X A M T U S S T G E
M M M B M E V G O A E A P R
A A A U A W U E P Z L S U H
N T R N R H K M N K I K T I
F I Y G J H A I I D E O I J
A K L A O L J N H E E B H A
A Y G R R J K T C Q X R U U
T W T S A K E M A N G I S N
I M Q U M A D A S W Y A B S
```

BAWANG PUTIH
AROMATIK
KEMANGI
BERMANFAAT
KULINER
TARRAGON
ADAS
BUNGA
BAHAN
KEBUN

LAVENDER
MARJORAM
MINT
PETERSELI
KUALITAS
ROSEMARY
KUNYIT
RASA
TIMI
HIJAU

9 - Véhicules

```
S E P E D A M Y G O R C P M
T H K W L O N L L B A N E O
S R U P R T T H J Q K B R B
B O U T R A K T O R I Z A I
G K H K T O P V T I T B H L
W E T R T L V N G K S X U I
M T P S C P E S A W A T S K
K F K A P A L S E L A M K A
H E L I K O P T E R T M U F
B R R Z X U E S M I A O T I
I I Q E H F K A T R K T E L
S O F U T H Y O B O S O R A
S P O L U A M Q G M I R R H
A M B U L A N S S N Q P U H
```

AMBULANS	SHUTTLE
PESAWAT	BAN
PERAHU	RAKIT
BIS	SKUTER
TRUK	KAPAL SELAM
KAFILAH	TAKSI
FERI	TRAKTOR
ROKET	KERETA
HELIKOPTER	SEPEDA
MOTOR	MOBIL

10 - Camping

```
P C B B D A N A U K V Q L D
E C E I M P E R A L A T A N
T I R N K I H I J G O A W T
A D B A A T D U K B U L A N
W N U T N B Z C T O P I S S
A R R A O F Q F Q A M N I F
A S U N L S Y D X P N P K J
F E L G T A L E N T E R A S
A R P E T U A L A N G A N S
L A T E N D A R V N P W M D
A N E Y D F R Y O U O S G B
M G U N U N G A U V H K V D
A G A N S F T O P I O F H J
K A B I N I A M S O N N A T
```

BINATANG	PERALATAN
POHON	API
PETUALANGAN	HUTAN
KOMPAS	SERANGGA
KABIN	DANAU
KANO	LENTERA
PETA	BULAN
TOPI	GUNUNG
BERBURU	ALAM
TALI	TENDA

11 - Conservation

```
E P E N D I D I K A N P H U
O P E R U B A H A N I O I P
B R E L B Q L P R I R L J A
X P G Y I Z A Y I B Z U A T
M X H A P C M F P G Z S U C
S O F S N J I W L Z S I X N
H W U Q L I N G K U N G A N
R R M O I O K W Z K A U H Z
P P C P E S T I S I D A A A
K E S E H A T A N K P S B Z
I K L I M S I K L U S S I H
S U K A R E L A W A N U T H
M E N G U R A N G I W V A P
D A U R U L A N G R N Y T O
```

SUKARELAWAN
PERUBAHAN
IKLIM
SIKLUS
AIR
LINGKUNGAN
PENDIDIKAN
HABITAT

ALAMI
ORGANIK
PESTISIDA
POLUSI
DAUR ULANG
MENGURANGI
KESEHATAN
HIJAU

12 - Écologie

```
F A U N A V E V I U Y R K P
L K R Y R I O A K G Q A E U
O A F G W E B R L J A W K P
R L U R H T L I I R Q A E E
A O J T Y A L A M V E L R R
J E N I S N M S W C Q G I B
A P I T H A B I T A T L N E
Y L Y V O M W V G X N O G D
Q R A K F A N N Y Q L B A A
W K O M U N I T A S F A N A
B X L K I Y S P N E R L I N
X M U P S U M B E R D A Y A
G U N U N G V E G E T A S I
B E R K E L A N J U T A N K
```

RELAWAN	RAWA
IKLIM	LAUT
KOMUNITAS	GUNUNG
PERBEDAAN	ALAM
BERKELANJUTAN	ALAMI
JENIS	TANAMAN
FAUNA	SUMBER DAYA
FLORA	KEKERINGAN
GLOBAL	VARIASI
HABITAT	VEGETASI

13 - Astronomie

```
B S Y G L G G G I N B O K G
S U R Y A T E K H R U B O A
P P M H L J B R C T L S S L
X E W I M L E O H R A E M A
U R A D I A S I V A N R O K
F N C O I R O K E T N V S S
K O N S T E L A S I L A Q I
S V U X E M I Z O A A T Y Y
U A N P J L E Q U I N O X J
A S T R O N O T K L G R G E
E W Y V Q Q Q Z E Q I I L D
P L A N E T M J B O T U T A
A S T E R O I D F K R M G E
N E B U L A S T R O N O M N
```

ASTEROID
ASTRONOT
ASTRONOM
LANGIT
KONSTELASI
KOSMOS
GERHANA
EQUINOX
ROKET
GALAKSI

BULAN
METEOR
NEBULA
OBSERVATORIUM
PLANET
RADIASI
SURYA
SUPERNOVA
BUMI

14 - Types de Cheveux

```
B  L  M  L  S  S  B  E  R  W  A  R  N  A
E  E  W  J  V  S  V  E  B  P  P  D  W  R
R  M  V  H  I  T  A  M  R  O  U  A  N  E
G  B  S  U  M  K  F  Z  E  K  T  M  N  W
E  U  P  S  Q  E  Z  I  A  I  I  A  X  W
L  T  S  U  Y  L  Q  U  O  S  H  L  K  T
O  P  K  E  R  I  N  G  O  Q  I  R  A  N
M  I  R  P  H  K  C  O  K  E  L  A  T  U
B  R  P  E  R  A  K  V  E  S  B  B  T  T
A  A  U  N  W  L  T  O  Q  B  H  U  E  I
N  N  Y  D  P  A  N  J  A  N  G  A  B  P
G  G  A  E  S  D  T  Z  R  A  K  B  A  I
E  D  G  K  E  R  I  T  I  N  G  U  L  S
D  I  K  E  P  A  N  G  Q  N  E  X  U  P
```

PERAK	KERITING
PUTIH	ABU-ABU
PIRANG	PANJANG
IKAL	COKELAT
BERKILAU	TIPIS
BOTAK	HITAM
BERWARNA	BERGELOMBANG
PENDEK	SEHAT
LEMBUT	KERING
TEBAL	DIKEPANG

15 - Restaurant #1

```
L  L  P  M  E  N  U  O  J  U  T  D  A  I
C  N  K  E  G  D  P  I  R  I  N  G  Y  D
O  R  O  S  L  Q  A  R  N  V  B  J  A  H
A  D  P  E  D  A  S  P  Y  P  S  L  M  V
A  A  F  R  N  K  Y  H  U  L  Q  G  A  M
K  G  Y  B  Y  T  K  A  C  R  P  V  K  O
O  I  M  E  K  F  D  L  N  E  V  U  A  D
P  N  A  T  T  X  V  E  A  O  L  M  N  D
I  G  N  R  E  S  E  R  V  A  S  I  A  R
V  X  G  C  L  L  P  G  P  S  K  B  N  O
N  L  K  A  S  I  R  I  L  J  T  J  S  T
M  P  U  Y  T  C  J  Y  S  F  Y  T  A  I
R  Q  K  B  A  H  A  N  L  A  J  W  U  H
P  E  N  C  U  C  I  M  U  L  U  T  S  U
```

ALERGI	MENU
PIRING	MAKANAN
MANGKUK	ROTI
KOPI	AYAM
KASIR	RESERVASI
PISAU	SAUS
DAPUR	PELAYAN
PENCUCI MULUT	SERBET
PEDAS	DAGING
BAHAN	

16 - Mammifères

```
L Z T G K G O R I L A K K R
M E J V U H A R I M A U E U
L B C F C C M J P J W D L B
U R J S I S O L A V S A I A
M A T X N A N Y S H Z F N H
B S J C G L Y F O F M Z C F
A E E Q K H E K S T W K I B
L R R M V M T A M R E A V A
U I A U P O B N S I N G A N
M G P Z A V X G K B X X J T
B A A D D N N U D O M B A E
A L H V U Y G R R X Q U U N
D A D A P U W U K Z L J S G
U G A N J I N G J P A U S I
```

PAUS
KUCING
KUDA
ANJING
COYOTE
LUMBA-LUMBA
GAJAH
JERAPAH
GORILA
KANGURU

KELINCI
SINGA
SERIGALA
DOMBA
BERUANG
RUBAH
MONYET
BANTENG
HARIMAU
ZEBRA

17 - Sports

```
P S E U Z A W J E N X U T J
K E J U A R A A N S N H A O
K N R K C T S N S T R P Q W
J A G M B I I V Y E E E Q D
H M O G A M T M C G O L F C
A T L E T I P E M E N A N G
P E M A I N N T A G B T C E
S T A D I O N A E L C I S R
W R D A E B R O N N V H E A
B P T Y T X A A Z Y I Z P K
L K C J A B I S B O L S E A
M N O Y A N H O K I Z B D N
C M L H W F I N X E L Z A M
G I M N A S I U M M T L B S
```

WASIT	GIMNASIUM
ATLET	SENAM
BISBOL	HOKI
BASKET	PERMAINAN
KEJUARAAN	PEMAIN
PELATIH	GERAKAN
TIM	STADION
PEMENANG	TENIS
GOLF	SEPEDA

18 - Chocolat

```
T E E M W B U B U K K F K E
H R K O X G U L A X E E A I
Q M N S R V M E X X L Y L J
R C A R O M A Z M C A T O S
V E K Q B T N A K F P H R B
P E R M E N I T H I A R I R
K R E A Q Z S S B A H A N E
U A A N T I O K S I D A N S
A S C K A R A M E L H A K E
L A R A R T I S A N A L A P
I D T R N F A V O R I T K Q
T O S Q H G P A H I T U A X
A K U E N E P P Q A W K O C
S H Z D A R J Y U L U M Z S
```

PAHIT
ANTIOKSIDAN
AROMA
ARTISANAL
PERMEN
KACANG
KAKAO
KALORI
KARAMEL
LEZAT

MANIS
EKSOTIS
FAVORIT
RASA
BAHAN
KELAPA
BUBUK
KUALITAS
RESEP
GULA

19 - Mathématiques

```
P  H  E  P  R  A  M  S  G  F  G  P  P  S
W  Z  G  K  A  A  I  J  O  O  X  E  E  U
G  L  O  G  S  R  D  I  F  C  Z  R  R  D
T  M  Q  N  D  P  A  I  O  H  S  S  S  U
I  U  H  Q  V  P  O  L  U  G  E  A  E  T
L  I  N  G  K  A  R  N  E  S  G  M  G  E
P  D  F  E  V  U  D  T  E  L  I  A  I  G
O  I  R  O  O  M  E  R  D  N  T  A  X  A
L  A  A  M  L  P  S  J  G  I  I  N  W  K
I  M  K  E  U  H  I  T  U  N  G  F  O  L
G  E  S  T  M  E  M  W  S  G  A  H  G  U
O  T  I  R  E  C  A  S  W  R  N  J  V  R
N  E  I  I  M  J  L  J  U  M  L  A  H  U
W  R  Z  U  H  S  I  M  E  T  R  I  A  S
```

SUDUT	GEOMETRI
HITUNG	PARALEL
PERSEGI	TEGAK LURUS
LINGKAR	POLIGON
DESIMAL	RADIUS
DIAMETER	JUMLAH
EKSPONEN	SIMETRI
PERSAMAAN	SEGITIGA
FRAKSI	VOLUME

20 - Mythologie

```
U  I  P  G  L  T  Q  P  D  K  M  Q  K  Z
Q  Z  O  K  E  M  F  E  C  E  X  B  E  L
H  G  L  F  Z  Z  A  T  S  Y  S  K  A  M
P  R  A  K  A  S  A  I  X  A  X  E  B  M
A  P  D  I  D  E  L  R  X  K  U  K  A  U
H  E  A  S  B  I  T  A  E  I  B  U  D  G
L  R  S  M  T  L  E  G  E  N  D  A  I  M
A  I  A  S  F  N  R  A  U  A  F  T  A  A
W  L  R  L  A  B  I  R  I  N  E  A  N  K
A  A  G  R  N  Y  D  P  U  L  T  N  D  H
N  K  F  U  B  U  D  A  Y  A  U  M  L
X  U  R  B  E  N  C  A  N  A  K  N  R  U
N  R  P  E  N  C  I  P  T  A  A  N  L  K
K  E  C  E  M  B  U  R  U  A  N  T  K  D
```

POLA DASAR	PAHLAWAN
BENCANA	KEABADIAN
PERILAKU	KECEMBURUAN
PENCIPTAAN	LABIRIN
MAKHLUK	LEGENDA
KEYAKINAN	GAIB
BUDAYA	RAKASA
PETIR	FANA
KEKUATAN	GUNTUR

21 - Restaurant #2

```
A  B  X  J  Z  P  E  C  B  C  F  S  M  R
B  Z  S  A  Y  U  R  A  N  U  S  U  A  E
P  E  L  A  Y  A  N  N  G  E  A  P  K  M
C  S  E  Q  H  A  L  K  H  A  L  H  A  P
J  J  Z  C  T  P  M  I  E  P  A  U  N  A
Q  G  A  R  P  U  A  K  N  V  D  D  M  H
U  E  T  W  U  T  K  F  U  E  X  P  A  R
Q  M  I  N  U  M  A  N  R  R  H  J  L  E
F  B  T  F  L  T  N  W  U  Q  S  Q  A  M
Q  X  C  T  P  E  S  W  W  I  E  I  M  P
H  E  A  V  B  L  I  K  A  N  N  Y  Y  A
P  P  B  I  M  U  A  K  S  T  D  P  K  H
K  W  O  N  R  R  N  U  Z  S  O  D  C  R
G  A  R  A  M  B  G  E  Q  L  K  R  W  N
```

MINUMAN	KUE
KURSI	ES
SENDOK	SAYURAN
MAKAN SIANG	MIE
LEZAT	TELUR
MAKAN MALAM	IKAN
AIR	SALAD
REMPAH-REMPAH	GARAM
GARPU	PELAYAN
BUAH	SUP

22 - Couleurs

```
R V I M E R A H M U D A Q W
L G C Y A N K S E P I A E I
X R M S B G R M E R A H W K
F P E Y U B E L S J X W G S
N U W E A B M N J E R U K X
Q T C N B S H I T A M A A H
F I O H U D S L B A R H P K
B H K J S K U N I N G S K K
A B E W Y I F W R H I J A U
R C L O O B A Z U Q D I A T
N T A S W G O Q N X F D L Y
D I T A Z U R E L I D G B E
K B L R T J U N G U N X T L
D J O A V A E E A I H C U B
```

AZURE
KREM
PUTIH
BIRU
CYAN
FUCHSIA
ABU-ABU
NILA
KUNING

MAGENTA
COKELAT
HITAM
JERUK
MERAH MUDA
MERAH
SEPIA
HIJAU
UNGU

23 - Avions

```
K S P F E P B D V V K A B I
E M E S I N A R A H X U A Q
T P T J P J L I M D Z O H T
I E U K A E O P I B H Q A G
N N A E Y R N S U A S A N A
G U L T O T A D G G N P B W
G M A U K F I H A V H K A P
I P N R Q E O N H R H F K E
A A G U D A R A G G A W A K
N N A N D G V W R G G T R O
U G N A L A N G I T I T A V
Z K O N S T R U K S I N R N
N G M E N G E M B A N G H H
O L F W Z X H P I L O T Z E
```

UDARA   KETURUNAN
KETINGGIAN   ARAH
SUASANA   AWAK
PENDARATAN   MENGEMBANG
PETUALANGAN   TINGGI
BALON   SEJARAH
BAHAN BAKAR   MESIN
LANGIT   PENUMPANG
KONSTRUKSI   PILOT

24 - Aventure

```
K K E B E R A N I A N B P P
M E N G E J U T K A N E E E
E C G P E S I A R V A R L R
A A S E H C N A I A V B U S
K N T C M N Z W E L I A A I
T T D U Y B A R U A G H N A
I I Q W J P I C I M A A G P
V K Y A W U P R U I S Y G A
I A K E A M A N A N I A M N
T N P O S C F N J A D W A L
A N T U S I A S M E N Y C P
S P K Z T I D A K B I A S A
X J D K E S U L I T A N X C
K E S E M P A T A N P E B S
```

AKTIVITAS
KECANTIKAN
KEBERANIAN
KESEMPATAN
BERBAHAYA
TUJUAN
KESULITAN
ANTUSIASME
PESIAR
TIDAK BIASA

JADWAL
KEGEMBIRAAN
ALAM
NAVIGASI
BARU
PELUANG
PERSIAPAN
KEAMANAN
MENGEJUTKAN

25 - Ville

```
B  H  R  A  U  B  S  G  S  R  H  G  D  B
O  I  F  A  R  M  A  S  I  Q  O  A  R  A
S  T  O  P  V  U  L  N  S  T  T  L  R  N
U  O  F  S  I  I  O  Y  D  G  E  E  E  K
P  K  L  O  K  J  N  U  L  A  L  R  S  M
E  O  O  T  R  O  M  M  I  L  R  I  T  N
R  B  R  T  E  K  P  A  S  A  R  A  O  Z
M  U  I  O  X  V  S  T  F  S  E  W  R  S
A  K  S  K  M  U  Y  E  R  F  W  G  A  T
R  U  T  O  G  U  T  A  H  M  S  K  N  A
K  P  E  R  P  U  S  T  A  K  A  A  N  D
E  E  I  O  W  P  S  E  K  O  L  A  H  I
T  M  P  T  F  S  B  R  U  U  C  I  W  O
T  K  L  I  N  I  K  Z  C  M  W  Q  G  N
```

BANDARA	TOKO BUKU
BANK	PASAR
PERPUSTAKAAN	MUSEUM
TOKO ROTI	FARMASI
BIOSKOP	RESTORAN
KLINIK	SALON
SEKOLAH	STADION
FLORIST	SUPERMARKET
GALERI	TEATER
HOTEL	

26 - Cuisine

```
H E M S E R B E T J A W X Y
E R F J I E A E M A E C M K
C F T A G F X M O G C M M N
K R E M P A H R E M P A H X
S E O V E N G M A N G K U K
U E T B I T A R J A R A R S
M Z G E T T R D I B X N R P
P E O X L C P H L L D A E O
I R I B H P U I U V L N S N
T V S E N D O K S J H V E S
X B C E L E M E K A F K P R
K U L K A S C N O R U E P S
C A N G K I R D B K I V V F
T M G R N U D I M L H K N G
```

SUMPIT
MANGKUK
KETEL
FREEZER
PISAU
KENDI
SENDOK
REMPAH-REMPAH
SPONS
OVEN

GARPU
GRILL
MAKANAN
JAR
RESEP
KULKAS
SERBET
CELEMEK
CANGKIR

27 - Corps Humain

```
T  M  F  B  S  R  R  N  M  R  S  O  Z  M
Y  U  K  I  L  I  J  J  F  A  Y  T  K  P
F  L  U  B  R  L  K  C  F  H  N  A  P  H
F  U  L  I  H  L  E  U  X  A  H  K  H  M
E  T  I  R  A  T  Y  H  J  N  U  E  L  N
P  Y  T  B  T  H  U  N  E  G  Z  P  S  Y
F  E  J  A  I  D  A  G  U  R  I  A  S  K
C  U  R  H  L  I  D  A  H  U  H  L  E  R
O  N  D  U  U  D  A  R  A  H  O  A  F  M
B  W  V  A  T  A  N  G  A  N  J  A  R  I
N  A  B  L  U  H  I  D  U  N  G  X  I  V
F  J  J  T  T  E  L  I  N  G  A  D  W  Q
I  A  J  W  S  B  Z  B  G  L  Y  R  G  K
Y  H  M  J  K  Q  P  Z  H  S  E  I  Y  I
```

MULUT	BIBIR
OTAK	TANGAN
LEHER	RAHANG
SIKU	DAGU
HATI	HIDUNG
JARI	TELINGA
PERUT	KULIT
BAHU	DARAH
LUTUT	KEPALA
LIDAH	WAJAH

28 - Épices

```
R V V M H G K M S A K P D B
I N P V U A A X Q S A A O Z
J M T O P X R R K A Y H R X
X H M C K R I H A M U I G Y
R D X Z J A H E P M M T R V
I P W P I L B Q U O A L A O
B A W A N G S P L A N I S E
O L K E T U M B A R I C A F
J A I T E N E D G P S O M I
P S K U N Y I T A C R R M W
L M D B V A N I L A S I V J
B A W A N G P U T I H C K K
Z X D A D A S N I S G E H A
G J C A C G J J B P J K G H
```

ASAM	JAHE
BAWANG PUTIH	PALA
PAHIT	BAWANG
ANISE	PAPRIKA
KAYU MANIS	LADA
KAPULAGA	LICORICE
KETUMBAR	KUNYIT
JINTEN	RASA
KARI	GARAM
ADAS	VANILA

29 - Science

```
D F O B S E R V A S I F C M
G R A V I T A S I P F I H O
O I H P E F E R M Q H S I L
M I N E R A L V Z I F I P E
N E Q R J K X K O K Q K O K
H P T C C T Z G N L G A T U
L A B O R A T O R I U M E L
N R A B D P N G F M I S S I
Q T T A A E N X Z O N Z I L
Q I O A T C K D Y Q S D S M
J K M N A P A A L A M I K U
H E O R G A N I S M E V L W
W L Y B A H A N K I M I A A
P X C R R W N N O P K T V N
```

ATOM	LABORATORIUM
BAHAN KIMIA	METODE
IKLIM	MINERAL
DATA	MOLEKUL
PERCOBAAN	ALAM
EVOLUSI	OBSERVASI
FAKTA	ORGANISME
FOSIL	PARTIKEL
GRAVITASI	FISIKA
HIPOTESIS	ILMUWAN

30 - Chats

```
M K M R P E T G Q U T S B G
A H A L H K Z E H R W M E I
N U C K P E N A S A R A N L
D N E L I C E P A T L E A A
I T R I W I L B A C Q Y N U
R E I A G L B U L U A Q G T
I R A R P O V B C Y C K C R
U H K J L K A G L U Y T A I
K E P R I B A D I A N E W R
Y K M A L U Z Z X C J T F E
G O T I D U R U R A A I R O
R R R K X S G X P L U K W S
R A J V Z C A M J Q S U M M
J Z T X V K R V P B Q S U D
```

HUNTER   MANDIRI
PENASARAN   KAKI
TIDUR   KEPRIBADIAN
LUCU   KECIL
CERIA   EKOR
BENANG   CEPAT
GILA   LIAR
BULU   TETIKUS
CAKAR   MALU

31 - Vêtements

```
P H J W Y Q D J P Y U E R S
C I Q I A B Z M J W E E T A
E P Y K H A S P S W E T E R
L J E A N S P D S R F W R U
E Q R T M M O D E Y S G O N
M E F P B A J U J Y A E K G
E M F I S A N D A L C L D T
K W J N E Z C H Y V E A D A
G V B G P L E C D J L N S N
C A L G A Z O J J V A G E G
P D U A T O P I A J N J R A
Y T S N U K Z F S H A O B N
V Z D G K A L U N G O B J V
M A N T E L X P A E F U L C
```

GELANG
IKAT PINGGANG
TOPI
SEPATU
BAJU
BLUS
KALUNG
SYAL
SARUNG TANGAN
JEANS

ROK
MANTEL
MODE
CELANA
SWETER
PIYAMA
GAUN
SANDAL
CELEMEK
JAS

32 - Arts Visuels

```
T F K I M O J X P E N S I L
A O P A A T J R E O O X D K
N T C A P S U G N D T P V R
A O F W T U X J Y F O R K E
H Z I S X U R A A I D M E A
L P L O I S N K N A V A R T
I I M D A W I G G R E H A I
A P E R N I S R G A T A M V
T Q X N M M S I A N I K I I
L U K I S A N Z N G G A K T
I A R S I T E K T U R R H A
L A R T I S B X F Z A Y K S
I P E R S P E K T I F A G H
N P E N A K O M P O S I S I
```

ARSITEKTUR	PENSIL
TANAH LIAT	KREATIVITAS
ARTIS	FILM
KERAMIK	LUKISAN
ARANG	PERSPEKTIF
MAHAKARYA	FOTO
PENYANGGA	POTRET
LILIN	PATUNG
KOMPOSISI	PENA
KAPUR	PERNIS

33 - Méditation

```
E X V U P S P E Z U P J J C
K U V Y I P E R H A T I A N
T E A P K R N V E G Z I U S
E E B S I M E N T A L S A U
N M M I R O R Q Z P J S B Z
A O U K A S I H S A Y A N G
N S S A N S M U T K K S Q E
G I I P V Y A L A M E Y C R
K X K Q N L A A T O B U K A
B A N G U N N T N U A K X K
P E R D A M A I A N I U B A
K E J E L A S A N H K R Y N
P E R S P E K T I F A B G A
O B S E R V A S I E N V Y N
```

PENERIMAAN   KEBIASAAN
PERHATIAN   MENTAL
TENANG   GERAKAN
KEJELASAN   MUSIK
KASIH SAYANG   ALAM
PIKIRAN   OBSERVASI
EMOSI   PERDAMAIAN
BANGUN   PERSPEKTIF
KEBAIKAN   SIKAP
SYUKUR

34 - Littérature

```
X H W C K U E I Z V A G D L
W A N A L O G I B B N B E Q
T R A G E D I J Z N E I S Y
S X R D D P U I S I K O K T
A N A L I S I S P J D G R E
M O T S A E N P J W O R I M
E V O A L M N U E S T A P A
T E R J O G K I N N U F S Z
A L S A G Z Z T O G U I I O
F Y E K K E S I M P U L A N
O F I K S I M S D N K K I T
R Q G A Y A F B C X Z B O S
A P E R B A N D I N G A N U
I R A M A S W S R Y S M Y V
```

ANALOGI   METAFORA
ANALISIS   NARATOR
ANEKDOT   PUISI
PENULIS   PUITIS
BIOGRAFI   SAJAK
PERBANDINGAN   NOVEL
KESIMPULAN   IRAMA
DESKRIPSI   GAYA
DIALOG   TEMA
FIKSI   TRAGEDI

35 - Nourriture #1

```
R W O A Y L E H I X S C R S
K O P I F G E G O T T Q A A
K R O W I O N M V K R G B L
Z T A V J U S K O N O P A A
U E O V E E E A H N B L W D
P L C H L W N Y C N E Y A M
Y E S J A O L U B C R I N B
O G Y O I K B M Y I I Z G A
S U P W K E M A N G I I U Y
I L I T C P H N K M A P L A
F J R U D A G I N G C R A M
C N T N Y C T S U S U X A B
X Y B A W A N G P U T I H M
L A R A L K Y Q M G J T R I
```

BAWANG PUTIH
KEMANGI
KOPI
KAYU MANIS
WORTEL
LEMON
BAYAM
STROBERI
JUS
SUSU

LOBAK
BAWANG
JELAI
PIR
SALAD
GARAM
SUP
GULA
TUNA
DAGING

36 - Jours et Mois

```
S E L A S A G O G M K N N B
O F A V B K Q O L I A O R F
S E P T E M B E R N M V E E
C G R O K T O B E R I E F B
R H I L K J T N J J S M E R
K A L U T U U N A U S B J U
A A B B U L A N N M A E A A
L G H U H I N M I A B R N R
E U E M R G S A I T T O U I
N S E N I N N R P N U O A R
D T D N G D X E K O G Q R U
E U O T P S A T K M T G I K
R S V A D E S E M B E R U B
T K O K T X D S X M P P U R
```

AGUSTUS   SENIN
APRIL   SELASA
KALENDER   MARET
DESEMBER   RABU
MINGGU   BULAN
FEBRUARI   NOVEMBER
JANUARI   OKTOBER
KAMIS   SABTU
JULI   SEPTEMBER
JUNI   JUMAT

37 - Pirates

```
D  H  Q  D  P  R  L  X  R  J  T  Z  B  Q
T  A  O  G  E  J  A  N  G  K  A  R  E  N
D  B  P  R  T  B  U  R  U  K  H  W  K  U
W  A  U  N  U  E  T  B  A  H  A  Y  A  D
W  T  H  I  A  N  M  Q  M  B  R  H  S  K
E  B  R  J  L  D  C  A  H  O  T  V  L  A
J  G  H  D  A  E  U  V  S  S  A  O  U  P
P  P  K  L  N  R  U  M  Q  W  K  S  K  T
A  E  X  U  G  A  P  J  H  T  A  G  A  E
N  D  T  W  A  X  Y  K  H  J  R  G  M  N
T  A  Y  A  N  D  P  O  P  P  U  L  A  U
A  N  L  O  E  N  U  I  X  J  N  C  F  D
I  G  D  L  E  G  E  N  D  A  K  M  P  L
E  R  X  I  B  U  R  U  N  G  B  E  O  A
```

JANGKAR	PULAU
PETUALANGAN	LEGENDA
KAPTEN	BURUK
PETA	LAUT
BEKAS LUKA	EMAS
BAHAYA	BURUNG BEO
BENDERA	KOIN
PEDANG	PANTAI
AWAK	RUM
GUA	HARTA KARUN

38 - Activités

```
K M E M A N C I N G J I Z R
K E R A M I K D J N U E I J
E J A H I T B E R K E B U N
M L X H I K I N G B X H G X
C P Y J L P E R M A I N A N
W U L U K I S A N Z Z A P B
F O T O G R A F I X W K M E
Z H H Q B X I N H S I H I R
R M Y M E M B A C A C W N B
R E K R E A S I E S E T A U
K E S E N A N G A N E M T R
K E R A J I N A N W E N E U
C A M P I N G U P V M C I U
C A K T I V I T A S O U B T
```

AKTIVITAS
SENI
KERAJINAN
CAMPING
KERAMIK
BERBURU
KEAHLIAN
JAHIT
MINAT
BERKEBUN

PERMAINAN
MEMBACA
REKREASI
SIHIR
LUKISAN
MEMANCING
FOTOGRAFI
KESENANGAN
HIKING

39 - Fleurs

```
M A W A R P W L I L C R A P
R L Z V X B D A F F O D I L
U K D Q L D Q V T Y E I B U
A E B G K A A E H P W M U M
L L P P U I A N G G R E K E
P O P P Y S X D D I H L E R
M P G Z O Y L E V E C A T I
Q A T L W I P R W X L T J A
L K G G A R D E N I A I W O
Z I J N V W B M P L V Y O F
U X L E O D G B E I E S J N
D V E Y H L V S O L W D R W
P G Q V E B I Z N A R X F Y
J B Y R H X L A Y C Y J U D
```

BUKET	DAISY
GARDENIA	ANGGREK
MELATI	POPPY
DAFFODIL	KELOPAK
LAVENDER	DANDELION
LILAC	PEONY
LILY	PLUMERIA
MAGNOLIA	MAWAR

40 - Nourriture #2

```
M A N G G A H P V R C T B G
D L B K C P R Z L C J O C G
R M C R T E R O N G P N M I
Z O L I O L L G Y C I K A N
E N T B M K N D N A S G Q T
N D E I A P O N A J A M U R
T W L C T J Y L S F N K B Q
N T U O M S S C I H G I Y G
P V R K G Y I E E V B W U U
L T Q L H D U R L L W I K W
M N H A M U Q I Q E A Y A M
U F A T G A N D U M D F X C
Q B A N G G U R E F C R B M
C W V J P Q I U U P R J I H
```

ALMOND	KIWI
TERONG	MANGGA
PISANG	TELUR
GANDUM	ROTI
BROKOLI	IKAN
CERI	APEL
SELEDRI	AYAM
JAMUR	ANGGUR
COKLAT	NASI
HAM	TOMAT

41 - Sons

```
S U B E R U L A N G D T S B
I T E S K J Y M K E Y J D A
R B R U E E P W W T A W A T
E E I A R G R K M A J T F U
N R S R A E M A W R R D V K
E T I A N M S P S A S W L I
L E K W G A A O N N S O W Y
A P M Y A H L O N C E N G M
O U T D N U B K K A J T S N
D K N D F G I C K O N O P Q
H W V U D Q S L V I N R R Y
W L P E L U I T H F Z S M F
V N B Q P K K L R R N L E Z
P A D U A N S U A R A C Q R
```

BERTEPUK
BERISIK
BISIK
PADUAN SUARA
LONCENG
KONSER
GEMA
KERAS
ERANGAN

BERULANG
RESONAN
TAWA
PELUIT
SIRENE
BATUK
GETARAN
SUARA

42 - Océan

```
L Y A H I H O F R V S L P R
W U E U P I M S M G U K P U
E B M W B U B P Y T C G E M
Y U V B Z Q A O B I K A N P
G R M E A B K N A R E R Y U
K U G L T L I S D A P A U T
A B U U X U U I A M I M J L
Y U P T R Q N M I W T A N A
T R R P R I N A B J I C K U
P E R A H U T U D A N G S T
A K A R A N G A O X G U X O
U T E R U M B U Z X W J O W
S I M O G A N I W O F R X J
R I N Y M B D A R Y G A X A
```

RUMPUT LAUT	UBUR-UBUR
BELUT	IKAN
PAUS	GURITA
PERAHU	HIU
KARANG	TERUMBU
KEPITING	GARAM
UDANG	BADAI
LUMBA-LUMBA	TUNA
SPONS	PENYU
TIRAM	OMBAK

43 - Remplir

```
C V A S Q E K B F Y T A S S
I L M A P G R O E B W L B A
K O P E R B A T T R N Q K K
K L A C I Q A O A A R S F U
E T K E N P Z L E K K S B V
R W E M B E R D R M H R X K
A F T N P A E M A X V X E B
N S A Q Q K J T A S K I L A
J T B A K I A D E A J A R R
A G U A I H M R W H G E K E
N Q N O S Y P E T I N T A L
G T G P Y K L C T O Z P S Q
K A P A L P O N M E N G Y G
U J W X K I P M G K B B X V
```

BAREL	PAKET
BASKOM	BAKI
KOTAK	SAKU
BOTOL	JAR
PETI	TAS
KARTON	EMBER
MAP	LACI
AMPLOP	TABUNG
KAPAL	KOPER
KERANJANG	VAS

44 - Ballet

```
X  H  Y  K  E  A  H  L  I  A  N  B  T  W
N  H  A  R  O  F  V  C  O  K  G  A  Y  A
W  L  I  D  Z  R  T  Z  L  J  K  L  T  R
C  J  N  D  I  P  E  D  T  N  I  E  E  T
A  O  T  O  T  R  A  O  H  U  M  R  K  I
N  R  E  A  K  F  I  M  G  E  Y  I  N  S
G  K  N  K  S  Z  H  N  A  R  L  N  I  T
G  E  S  S  S  I  R  A  M  A  A  A  K  I
U  S  I  K  A  P  T  Q  O  O  T  F  M  K
N  T  T  P  S  Z  R  R  M  B  I  P  I  W
E  R  A  Q  O  A  M  E  U  C  H  N  F  J
H  A  S  O  L  O  R  A  S  D  A  X  J  H
P  E  N  A  R  I  Q  R  I  I  N  F  E  C
K  O  M  P  O  S  E  R  K  P  F  Z  G  I
```

ARTISTIK	OTOT
BALERINA	MUSIK
KOREOGRAFI	ORKESTRA
KEAHLIAN	HADIRIN
KOMPOSER	LATIHAN
PENARI	IRAMA
EKSPRESIF	SOLO
SIKAP	GAYA
ANGGUN	TEKNIK
INTENSITAS	

45 - Fruit

```
M P P I S A N G Z M L D C A
C E R I U P M A N G G A P N
D R L U N E Y P R K Y E I G
A S J O A L I R Z A O O R G
J I R L N O L I L E M O N U
S K X A A V I K Q M X J E R
R O T B S I E O M R C Y C B
K I W I J P Y T X F W D T W
J E R U K E B A L P U K A T
A I T T Y P W E N G T T R B
M L L I H A B H R P U K I E
B N E G F Y J M R R L T N R
U S D C M A C C A V Y W E R
G H D F I A P U Z I V A W Y
```

APRIKOT	KIWI
NANAS	MANGGA
ALPUKAT	MELON
BERRY	NECTARINE
PISANG	JERUK
CERI	PEPAYA
LEMON	PERSIK
ARA	PIR
RASPBERRY	APEL
JAMBU	ANGGUR

46 - Surf

```
I  V  D  P  U  F  E  J  P  E  G  K  M  A
P  T  D  A  X  O  R  Q  O  K  Z  E  E  T
K  T  B  A  Y  J  K  M  P  S  M  C  N  L
E  E  T  J  V  U  H  X  U  T  J  E  Y  E
K  R  R  B  P  A  N  C  L  R  D  P  E  T
U  U  H  A  L  R  P  G  E  E  T  A  N  X
A  M  P  Y  M  A  L  P  R  M  W  T  A  J
T  B  F  R  E  A  T  D  E  G  K  A  N  L
A  U  Y  K  L  Q  I  U  F  R  C  N  G  S
N  C  K  P  A  N  T  A  I  H  U  V  K  Q
L  A  U  T  M  F  Q  Q  N  T  A  T  A  T
B  U  S  A  B  G  A  Y  A  C  C  S  N  P
E  N  Q  E  A  F  N  V  Z  B  A  U  E  P
C  Q  Y  O  I  P  E  M  U  L  A  C  M  C
```

MENYENANGKAN	BUSA
ATLET	LAUT
JUARA	DAYUNG
PEMULA	PANTAI
PERUT	POPULER
EKSTREM	TERUMBU
KEKUATAN	GAYA
KERAMAIAN	MELAMBAI
CUACA	KECEPATAN

47 - Technologie

```
P  R  M  U  I  I  P  E  R  A  M  B  A  N
O  K  O  A  P  T  B  K  Y  F  S  O  F  U
B  K  A  M  E  R  A  O  H  V  P  C  R  M
S  S  F  A  S  I  F  M  P  R  G  S  J  L
N  F  B  O  A  S  A  P  P  O  D  T  Y  A
M  A  Y  A  N  E  Z  U  V  I  R  U  S  Y
K  I  T  M  S  T  B  T  N  B  L  O  G  A
U  L  E  I  D  P  N  E  O  Z  K  A  K  R
R  R  T  Q  N  A  T  R  A  X  N  Q  N  T
S  A  F  C  U  S  T  A  T  I  S  T  I  K
O  N  P  P  V  A  Y  A  R  O  D  D  T  L
R  T  V  W  Y  K  E  A  M  A  N  A  N  C
I  N  T  E  R  N  E  T  Q  C  G  Q  T  U
A  Q  D  I  G  I  T  A  L  F  W  O  D  F
```

TAMPILAN	DIGITAL
BLOG	BYTE
KAMERA	KOMPUTER
KURSOR	FONT
DATA	RISET
LAYAR	KEAMANAN
FAIL	STATISTIK
INTERNET	MAYA
PESAN	VIRUS
PERAMBAN	

48 - Comédie

```
C M N S F H A D I R I N T L
W E G S L U C U F T P D A E
M N R Z O M V R T T A T W L
U Y Y D M O A C E U R S A U
I E J S I R E K A L O L E C
W N N V E K P F T E D K L O
B A D U T K W N E R I X D N
N N A S I X S D R X I D O C
G G E N R E T P F P V S T V
F K Q B K L Q Q R U G R K A
G A K T O R T E L E V I S I
F N R M N S V W G C S U L Z
T E P U K T A N G A N I F L
I M P R O V I S A S I Q F K
```

AKTOR
AKTRIS
MENYENANGKAN
TEPUK TANGAN
LELUCON
BADUT
LUCU
EKSPRESIF
GENRE

HUMOR
IMPROVISASI
CERDIK
PARODI
HADIRIN
TAWA
TELEVISI
TEATER

49 - Météo

```
C P M M P E D X B E E F G O
F G U L E M B A B S T S U H
B A D A I S Z W B F X U N Z
H F E Z F E O W Z M G H T A
I T O R N A D O X O U U U Z
N E S Q Y W O E O B Y S R L
L N U B I A P E L A N G I P
A A A P K N V R O N N O B M
N N S M L B Z V B J Z F X Q
G G A K I D K E R I N G W A
I B N U M T T D E R G Q O X
T B A T R O P I S K A B U T
A Y K U K E K E R I N G A N
D R G B A N G I N M M V G H
```

PELANGI
SUASANA
KABUT
TENANG
LANGIT
IKLIM
ES
LEMBAB
BANJIR
MUSIM

AWAN
KUTUB
KERING
KEKERINGAN
SUHU
BADAI
GUNTUR
TORNADO
TROPIS
ANGIN

50 - Châteaux

```
Z  F  K  J  M  A  H  K  O  T  A  D  K  T
I  S  T  A  N  A  P  W  U  K  Y  I  E  Y
K  E  R  A  J  A  A  N  I  D  G  N  K  R
A  S  P  A  N  G  E  R  A  N  A  A  A  R
T  U  A  T  F  H  B  T  X  C  U  S  I  F
A  N  D  T  B  E  N  T  E  N  G  T  S  R
P  I  Z  I  R  A  H  N  P  P  S  I  A  N
E  C  Q  J  N  I  Y  M  U  L  I  A  R  M
L  O  C  A  N  D  A  P  T  N  I  O  A  E
L  R  N  G  R  N  I  J  R  A  Q  W  N  N
M  N  A  G  R  C  I  N  I  G  D  J  U  A
P  E  D  A  N  G  D  S  G  A  A  B  I  R
P  E  R  I  S  A  I  F  E  O  D  A  L  A
O  I  J  T  P  X  W  N  I  V  X  Q  Q  S
```

ZIRAH	FEODAL
PERISAI	BENTENG
KATAPEL	UNICORN
KUDA	DINDING
KSATRIA	MULIA
MAHKOTA	ISTANA
NAGA	PANGERAN
DINASTI	PUTRI
KEKAISARAN	KERAJAAN
PEDANG	MENARA

51 - Randonnée

```
R A G U N U N G W R X T O G
R I K L I M M A T A H A R I
J R K O O A T B D T K W I L
P U N C A K A I W L N V E I
T E B I N G M N B S E H N A
Z J R G P G A A A E P L T R
L N H S C E N T T P A B A K
C A M P I N G A U A N E S H
C M O L I A V N H T D R I I
A U W L Z H P G A U U A Z C
L S A S L Y I A C B A T I Z
A R H C P E T A N O N Q J V
M B E K A Y C U F T R M S Q
D C Z E R Y V J U K V E F Z
```

BINATANG	CUACA
SEPATU BOT	GUNUNG
CAMPING	ALAM
PETA	ORIENTASI
IKLIM	TAMAN
AIR	BATU
TEBING	PERSIAPAN
LELAH	LIAR
PANDUAN	MATAHARI
BERAT	PUNCAK

52 - Art

```
R Y S C X G P A T U N G E M
S I M B O L S U L N T K K E
E V Z C L U U Z I D E O S N
D I S V S K A Z J S R M P G
E S Z U W I S E S U I P R G
R U U W X S A H X R N L E A
H A E C K A N D Q E S E S M
A L K Z W N A B Z A P K I B
N P E L B M H N G L I S S A
A T R Y Z X A U B I R J A R
R O A Y D P T K U S A U S K
K O M P O S I S I M S J L A
P R I B A D I U P E I U I N
A O K S U B J E K F W R J S
```

KERAMIK
KOMPLEKS
KOMPOSISI
MENGGAMBARKAN
EKSPRESI
JUJUR
SUASANA HATI
TERINSPIRASI
ASLI

LUKISAN
PRIBADI
PUISI
PATUNG
SEDERHANA
SUBJEK
SUREALISME
SIMBOL
VISUAL

53 - Nutrition

```
V I T A M I N D A P K Z W P
V D R E M P A H R E M P A H
N A F S U M A K A N I Q O K
S Y K W K Z N B B C K K B T
B E R A T E D E R E J U E Q
K R H K M C I W T R A C U N
Y E A A U A E G P N G C E F
E K S W T A T R S A U S K P
I B W E S T L Z C A I R A N
R X P E H Y H I C N L X L C
S E I M B A N G T O R U O V
P A H I T Z T S Z A A P R V
P R O T E I N A C H S Y I T
N A G F E R M E N T A S I U
```

PAHIT	BERAT
NAFSU MAKAN	PROTEIN
KALORI	KUALITAS
DIET	SEHAT
PENCERNAAN	KESEHATAN
REMPAH-REMPAH	SAUS
SEIMBANG	RASA
FERMENTASI	RACUN
CAIRAN	VITAMIN

54 - Science Fiction

```
H  O  R  S  X  B  S  U  H  E  S  F  Q  X
O  F  Y  S  M  I  K  T  Z  Q  M  A  E  Q
P  B  L  W  S  O  E  O  T  U  S  N  B  U
R  F  E  W  S  N  P  Y  K  I  T  E  F
O  E  D  B  D  K  A  I  N  A  W  A  J  T
B  K  A  P  U  O  R  A  I  W  I  S  E  E
O  S  K  L  N  P  I  I  A  P  I  T  B  K
T  T  A  A  I  T  O  M  T  N  S  I  S  N
I  R  N  N  A  S  G  A  L  A  K  S  I  O
P  E  H  E  T  Y  T  J  G  A  I  B  L  L
M  M  T  T  G  G  W  I  A  U  S  U  U  O
O  R  A  C  L  E  K  N  S  T  B  K  S  G
D  Z  T  D  K  G  Q  E  E  A  O  U  I  I
Z  E  A  K  L  A  T  R  E  C  J  M  F  K
```

ATOM
BIOSKOP
LEDAKAN
EKSTREM
FANTASTIS
API
GALAKSI
ILUSI
IMAJINER
BUKU

DUNIA
GAIB
ORACLE
PLANET
REALISTIS
ROBOT
SKENARIO
TEKNOLOGI
UTOPIA

55 - Vertus #1

```
I  M  A  J  I  N  A  T  I  F  V  M  I  D
N  E  P  E  N  A  S  A  R  A  N  E  B  E
G  N  F  N  U  M  Y  K  P  K  Q  N  E  R
M  A  N  D  I  R  I  J  E  O  M  E  R  M
W  W  N  I  K  D  K  D  R  I  W  N  S  A
T  A  N  Z  W  L  L  U  C  U  J  T  I  W
C  N  S  E  D  E  R  H  A  N  A  U  H  A
B  E  P  S  N  L  B  R  Y  C  V  K  K  N
A  F  R  J  A  B  I  J  A  K  S  A  N  A
G  I  A  D  R  B  G  T  D  O  Q  N  I  L
U  S  K  N  A  Q  A  N  I  Z  N  S  I  O
S  I  T  B  R  S  M  R  R  J  C  K  A  H
Z  E  I  F  T  A  R  T  I  S  T  I  K  Q
N  N  S  J  M  E  M  B  A  N  T  U  R  C
```

ARTISTIK	MANDIRI
BAGUS	CERDAS
MENAWAN	SEDERHANA
PERCAYA DIRI	ASYIK
PENASARAN	SABAR
MENENTUKAN	PRAKTIS
LUCU	BERSIH
EFISIEN	BIJAKSANA
DERMAWAN	MEMBANTU
IMAJINATIF	

56 - Professions #1

```
P  M  X  U  G  D  H  Y  Q  X  S  B  P  P
E  U  O  O  A  O  U  U  X  B  T  B  E  I
L  S  X  P  H  K  E  T  N  M  T  A  N  A
A  I  F  N  L  T  J  P  A  T  J  B  A  N
T  S  H  F  I  E  J  E  R  B  E  Q  R  I
I  I  N  F  G  R  H  R  Z  Z  E  R  I  S
H  X  O  G  E  P  Q  H  C  P  J  S  L  D
E  D  I  T  O  R  M  I  L  M  U  W  A  N
H  K  F  X  L  G  B  A  N  K  I  R  R  R
Y  V  G  H  O  U  K  S  W  C  P  M  T  L
T  Y  G  M  G  W  P  A  O  X  U  K  I  X
V  Z  N  Y  I  D  H  N  M  A  L  Z  S  R
P  E  N  G  A  C  A  R  A  J  J  J  S  V
V  W  Y  I  A  L  P  E  R  A  W  A  T  B
```

DUTA BESAR	EDITOR
ARTIS	AHLI GEOLOGI
PENGACARA	PERAWAT
BANKIR	DOKTER
PERHIASAN	MUSISI
HUNTER	PIANIS
PENARI	ILMUWAN
PELATIH	

57 - Géologie

```
N K F G D S Z O N A G S K Y
X Y H V E R T H T H U L U K
L M L F E Y K A R A N G A I
G V A K J G S R L I U V R B
V F P E D A T E U A N L S E
B O I R W R A K R Y G O A N
M S S O P A L A Q E B M I U
G I A S B M A L P D E M I A
U L N I K N K S T Y R E G T
M T B E M Q T I W B A T U L
C A I R R N I U F F P Y A L
L A H A R A T M O U I Z S T
S Y W O O Y L K R I S T A L
B A B T M O W E Z K P G M M
```

ASAM	GEYSER
KALSIUM	LAHAR
GUA	MINERAL
BENUA	BATU
KARANG	KUARSA
LAPISAN	GARAM
KRISTAL	STALAKTIT
EROSI	STALAGMIT
CAIR	GUNUNG BERAPI
FOSIL	ZONA

58 - Cirque

```
C H K P A R A D E Y C D R G
B Y O E E A G J S Q A B X I
H B S R S N M D P V U I N F
Y Y T M I C O M E B N N V A
X R U E S R N N K A K A M F
Z I M N U Q Y W T L L T E G
S G A J A H E B A O I A N G
A I T I K E T A K N N N G F
T K N G K N K D U P J G H K
E S R G L C I U L M U S I K
N I G O A A N T E V C E B Y
D H G B B R H A R I M A U Y
A I R T Q A J U G G L E R Z
K R C C F L T P E S U L A P
```

AKROBAT	SINGA
BINATANG	PESULAP
BALON	SIHIR
TIKET	MUSIK
PERMEN	PARADE
BADUT	MONYET
KOSTUM	SPEKTAKULER
MENGHIBUR	PENONTON
GAJAH	TENDA
JUGGLER	HARIMAU

59 - Jardin

```
C  S  U  O  E  Q  N  T  G  E  V  S  K  F
Z  U  K  D  R  J  K  O  U  K  B  E  Q  I
I  K  O  D  T  C  X  G  L  H  A  M  E  C
Q  T  L  I  S  B  H  M  M  U  T  A  D  X
T  B  A  Z  Q  E  U  A  A  U  U  K  T  Z
E  A  M  R  K  R  K  X  R  P  A  G  A  R
R  N  N  I  T  A  K  O  F  D  I  L  L  H
A  G  L  A  N  N  S  P  P  K  E  B  U  N
S  K  J  E  H  D  J  G  O  S  O  R  H  S
B  U  N  G  A  A  S  A  H  E  X  U  B  R
M  E  N  Y  A  P  U  R  O  L  X  M  A  B
V  I  N  E  M  Y  E  A  N  A  P  P  K  P
B  Y  T  Y  M  B  F  S  T  N  M  U  E  J
T  R  A  M  P  O  L  I  N  G  U  T  S  L
```

POHON	SEKOP
BANGKU	BERANDA
SEMAK	MENYAPU
PAGAR	BATU
KOLAM	TANAH
BUNGA	TERAS
GARASI	TRAMPOLIN
RUMPUT	SELANG
KEBUN	ORCHARD
GULMA	VINE

60 - Barbecues

```
P D U U V S Z O Y M G P G P
M E T M L K N B U A H I R A
A S R Q G R T O M K O S I N
K A A M B A Z V O A L A L A
A Y Y T A N R L G N S U L S
N U A O W I G A Y S A L A D
M R M M A R N D M I H N F I
A A D A N F A A R A W D A G
L N J T G U I M N N T G F K
A S A U S U X Y X G D J K G
M U S I K E L A P A R A N F
M U S I M P A N A S Y W Y Y
K E L U A R G A U N A Q E U
B V L W X S W W S V K R U Q
```

PANAS	PERMAINAN
PISAU	SAYURAN
MAKAN SIANG	MUSIK
MAKAN MALAM	BAWANG
ANAK	LADA
MUSIM PANAS	AYAM
KELAPARAN	SALAD
KELUARGA	SAUS
BUAH	GARAM
GRILL	TOMAT

61 - Anniversaire

```
H W V H S C S U Q E B U U H
E A L A G U C L K A R T U K
B K D R A K F I A V K Y H K
A T T I M D X L L H Y O P H
T U V B A H O I E L I Q E U
A L B O N H E N N U F R R S
H Q Z Q M K B S D O P D A U
U S E N A N G T E M A N Y S
N G R M V O Z W R N M G A M
M E N Y E N A N G K A N A U
Y Z W W D W L B J C F M N D
K E B I J A K S A N A A N A
B U N D A N G A N N D Y V X
Z E E U A D L S C N Z Q O Y
```

TEMAN   SENANG
MENYENANGKAN   UNDANGAN
TAHUN   MUDA
LILIN   HARI
HADIAH   LAHIR
KALENDER   KEBIJAKSANAAN
KARTU   KHUSUS
LAGU   HEBAT
PERAYAAN   WAKTU
KUE

62 - Animaux de Compagnie

```
M  G  A  L  D  U  P  O  H  C  O  D  K  B
F  A  C  C  B  A  V  B  A  R  N  G  A  U
D  X  K  H  S  A  P  I  M  D  T  T  M  R
I  T  A  A  O  Y  Z  X  S  Q  W  B  B  U
G  T  D  S  N  Y  F  R  T  A  L  I  I  N
K  P  A  H  Z  A  K  T  E  K  O  R  N  G
K  U  L  Y  H  N  N  E  R  H  E  V  G  B
E  P  C  F  P  J  A  T  L  I  X  U  T  E
R  P  B  I  E  I  I  I  N  I  G  N  Y  O
A  Y  Z  K  N  N  R  K  R  V  N  H  R  W
H  T  O  A  Y  G  P  U  N  A  U  C  T  N
L  H  W  N  U  C  V  S  Z  S  E  H  I  Q
G  H  D  V  D  N  B  I  A  C  A  K  A  R
D  O  K  T  E  R  H  E  W  A  N  M  E  P
```

KUCING	KADAL
KAMBING	MAKANAN
ANJING	BURUNG BEO
PUPPY	IKAN
KERAH	EKOR
AIR	TETIKUS
CAKAR	PENYU
HAMSTER	SAPI
TALI	DOKTER HEWAN
KELINCI	

63 - Forêt Tropicale

```
B  Z  V  V  P  P  H  F  Y  L  J  F  V  O
E  Y  J  P  E  L  E  S  T  A  R  I  A  N
R  P  E  I  W  N  M  R  V  W  G  K  O  V
H  T  R  N  X  A  E  K  B  S  D  L  B  J
A  A  Q  L  C  U  N  O  B  E  Z  I  G  A
R  H  S  R  C  N  G  M  U  R  D  M  C  W
G  Z  U  L  Y  G  H  U  R  A  M  A  F  A
A  W  X  T  I  A  O  N  U  N  I  M  A  N
S  S  B  I  A  N  R  I  N  G  E  A  R  N
J  E  N  I  S  N  M  T  G  G  H  L  B  R
I  L  U  M  U  T  A  A  A  A  A  I  A  T
A  M  F  I  B  I  T  S  D  C  F  A  L  X
B  O  T  A  N  I  I  I  X  Z  J  R  A  K
R  E  S  T  O  R  A  S  I  I  D  S  M  W
```

AMFIBI	LUMUT
BOTANI	ALAM
IKLIM	AWAN
KOMUNITAS	BURUNG
PERBEDAAN	BERHARGA
JENIS	PELESTARIAN
ASLI	NAUNGAN
SERANGGA	MENGHORMATI
HUTAN	RESTORASI
MAMALIA	

64 - Insectes

```
L A D Y B U G N A J B K C A
M A N T I S U D B V E T A Y
K L T C A C I N G T L A P N
E U E X P E G K N B A W U L
U E N Y H U S I H Y L O N A
L H U R I S E M U T A N G R
I O K Y D K U T U P N M X V
K N D C K U M B A N G R U A
E N Q J I P J A N G K R I K
C A J J B U J W I P E A Q U
O H G Z C K L E B A H Y N A
A S N A A U J H C F B A H L
E A V P S P T K E P R P L H
K V O E I U H O R N E T L Z
```

LEBAH
KECOA
JANGKRIK
LADYBUG
SEMUT
HORNET
TAWON
LARVA
CAPUNG
MANTIS

AGAS
NYAMUK
KUPU-KUPU
KUTU
APHID
BELALANG
KUMBANG
RAYAP
CACING

65 - Ferme #1

```
S N P Z Z Q C H Z F H Z P B
K A J A V K A W A N A N E I
A P P E W U B I D A N G R S
M L A I R D L R I S H V T O
B E Y G U A B K B I A D A N
I B A U A K M G A G A K N G
N A M X L R H I P Y B E I P
G H T K U C I N G A E L A G
S A Y A N G P M H N T E N A
C G I D S Z U U G J I D N I
H O P F M D P E E I S A P R
O O Q P S S U Y K N A I E S
D Y M S J G K Z E G L Y O E
E S G L H X N R G D O H J L
```

LEBAH
PERTANIAN
KELEDAI
BISON
BIDANG
KUCING
KUDA
KAMBING
ANJING
PAGAR

GAGAK
AIR
PUPUK
JERAMI
SAYANG
AYAM
NASI
KAWANAN
SAPI
BETIS

66 - Escalade

```
F T C K X R U K V A T D Z S
S I J W J L C E D E R A S M
C U S V K E T I N G G I A N
K G A I Z S S N S Q H S R P
Z Y Z S K O D G E O K T U A
W G D B A H L I M P H A N N
M E D A N N B N P E O B G D
U N B B O W A T I L A I T U
H M Y K E K U A T A N L A A
E I E A J I Z H U T M I N N
L A K D A D Y U N I C T G N
M A K I I U R A H H T A A H
L G T A N T A N G A N S N R
A C L E K G G U A N P E T A
```

KETINGGIAN	KEKUATAN
SUASANA	PELATIHAN
CEDERA	SARUNG TANGAN
PETA	GUA
HELM	PANDUAN
KEINGINTAHUAN	FISIK
TANTANGAN	HIKING
AHLI	STABILITAS
SEMPIT	MEDAN

67 - École #2

```
T  Z  S  J  M  K  E  R  T  A  S  K  G  E
A  H  K  U  A  B  E  L  A  J  A  R  U  Q
T  S  O  P  T  G  Q  G  B  C  L  A  N  M
A  A  M  M  E  N  U  L  I  S  V  U  T  E
B  S  P  D  M  N  K  Q  S  A  X  K  I  M
A  T  U  A  A  Y  S  A  Q  Q  T  N  N  B
H  R  T  B  T  X  Y  I  L  C  J  A  G  A
A  A  E  U  I  H  B  G  L  E  B  Y  N  C
S  L  R  K  K  G  U  R  U  T  N  C  X  A
A  H  A  U  A  P  Y  K  B  Z  B  D  B  Q
P  E  R  P  U  S  T  A  K  A  A  N  E  U
I  L  M  U  P  E  R  M  A  I  N  A  N  R
B  D  G  R  W  E  O  U  R  D  M  I  T  H
G  K  M  Y  B  L  D  S  P  K  N  D  P  X
```

KEGIATAN	TATA BAHASA
BELAJAR	PERMAINAN
PERPUSTAKAAN	MEMBACA
BIS	SASTRA
KALENDER	BUKU
GUNTING	MATEMATIKA
PENSIL	KOMPUTER
KAMUS	KERTAS
GURU	ILMU
MENULIS	

68 - Antarctique

```
B  P  V  B  Y  L  G  E  O  G  R  A  F  I
E  U  S  E  C  X  E  S  U  H  U  Y  I  R
N  L  I  N  G  K  U  N  G  A  N  W  O  R
U  A  B  B  U  R  U  N  G  X  H  P  B  O
A  U  G  L  E  T  S  E  R  A  U  M  M  C
S  E  M  E  N  A  N  J  U  N  G  I  S  K
B  N  Y  R  G  Y  X  J  W  J  J  G  A  Y
V  Q  L  B  W  J  G  M  I  N  E  R  A  L
E  J  I  D  D  D  H  A  M  L  A  A  Z  P
T  O  P  O  G  R  A  F  I  X  M  S  T  A
A  E  K  S  P  E  D  I  S  I  X  I  A  U
E  Y  L  F  A  G  X  W  Q  X  G  O  A  S
N  K  X  U  P  E  N  E  L  I  T  I  O  H
L  J  S  Y  K  O  N  S  E  R  V  A  S  I
```

TELUK	GLETSER
PAUS	PULAU
PENELITI	MIGRASI
KONSERVASI	MINERAL
BENUA	BURUNG
AIR	SEMENANJUNG
LINGKUNGAN	ROCKY
EKSPEDISI	ILMIAH
GEOGRAFI	SUHU
ES	TOPOGRAFI

69 - Professions #2

```
F  P  A  I  F  Q  D  N  Z  T  S  A  P  D
O  I  V  L  L  Q  O  X  C  T  D  M  E  O
T  L  L  U  T  S  K  J  H  X  G  B  N  K
O  O  Z  S  A  S  T  R  O  N  O  T  E  T
G  T  O  T  U  P  E  L  U  K  I  S  M  E
R  O  O  R  F  F  R  G  P  B  B  G  U  R
A  T  L  A  H  L  I  B  A  H  A  S  A  G
F  J  O  T  W  A  R  T  A  W  A  N  H  I
E  V  G  O  D  E  T  E  K  T  I  F  K  G
R  T  I  R  A  H  L  I  B  E  D  A  H  I
A  H  L  I  B  I  O  L  O  G  I  M  E  D
I  T  U  K  A  N  G  K  E  B  U  N  V  N
V  I  N  S  I  N  Y  U  R  E  T  R  W  X
P  E  N  E  L  I  T  I  X  B  I  W  U  P
```

ASTRONOT	TUKANG KEBUN
AHLI BIOLOGI	WARTAWAN
PENELITI	AHLI BAHASA
AHLI BEDAH	DOKTER
DOKTER GIGI	PELUKIS
DETEKTIF	FILSUF
GURU	FOTOGRAFER
ILUSTRATOR	PILOT
INSINYUR	ZOOLOGI
PENEMU	

70 - Les Abeilles

```
T  A  I  G  P  K  M  A  K  A  N  A  N  S
M  E  W  A  O  E  A  B  U  N  G  A  G  E
K  D  P  S  Y  C  R  W  H  E  K  L  D  R
H  F  A  A  S  R  Z  B  A  W  X  I  J  A
F  A  B  P  J  Z  E  X  E  N  F  L  F  N
C  W  E  K  E  B  U  N  C  D  A  I  L  G
S  E  R  B  U  K  S  A  R  I  A  N  Y  G
A  H  M  U  S  O  W  R  T  U  G  A  B  A
R  A  A  A  J  H  S  M  A  C  R  G  N  B
A  B  N  H  W  D  J  P  N  T  J  M  W  V
N  I  F  S  A  Y  A  P  A  O  U  W  M  E
G  T  A  P  I  B  G  B  M  E  K  A  R  Z
V  A  A  Y  J  C  M  S  A  Y  A  N  G  W
N  T  T  P  E  W  J  O  N  C  P  A  G  Z
```

SAYAP	HABITAT
BERMANFAAT	SERANGGA
LILIN	KEBUN
PERBEDAAN	SAYANG
KAWANAN	MAKANAN
MEKAR	TANAMAN
BUNGA	SERBUK SARI
BUAH	RATU
ASAP	SARANG

71 - Dinosaures

```
K V I M A M M O T H B L N Y
C A R R O X O M N I V O R A
S L R E P T I L R L Q B P R
O A E N W P L K U A T O R T
H Z Y S I W X U C N Y N A E
E E X A Q V H K F G Q U S L
R M P D P M O U C N Y Q E H
B J E N I S K R V Y J F J U
I E O B F T G A A A K O A Z
V K S E T A N N R E Y S R X
O O M A N G S A B U M I A L
R R T M R R A P T O R L H J
A L J P E V O L U S I Y J I
O U A Z R Y Q M M W K M Z L
```

SAYAP	PRASEJARAH
KARNIVORA	MANGSA
HILANGNYA	KUAT
JENIS	EKOR
EVOLUSI	RAPTOR
FOSIL	REPTIL
BESAR	UKURAN
HERBIVORA	BUMI
MAMMOTH	SETAN
OMNIVORA	

72 - Automne

```
F  T  A  H  F  G  M  M  I  K  L  I  M  O
X  X  C  O  E  Q  U  I  N  O  X  D  C  Z
A  R  O  J  G  I  S  G  C  F  O  G  A  F
P  O  R  G  A  N  I  R  U  F  R  O  S  T
J  Y  N  C  K  Z  M  A  A  R  C  C  Q  J
J  R  L  A  B  K  A  S  C  D  H  H  B  P
M  W  S  D  F  T  N  I  A  X  A  E  Q  Q
W  A  G  N  Z  E  M  Q  L  H  R  S  P  C
V  O  F  T  M  M  S  J  A  Y  D  T  N  B
H  J  R  A  L  A  M  T  G  A  Y  N  V  I
M  B  W  M  P  A  K  A  I  A  N  U  I  O
J  I  O  S  F  E  N  W  O  V  H  T  G  U
U  Y  W  B  B  U  L  A  N  B  A  X  T  U
K  E  B  A  K  A  R  A  N  P  G  L  D  W
```

GUGUR	CUACA
CHESTNUT	MIGRASI
IKLIM	BULAN
EQUINOX	ALAM
FESTIVAL	APEL
KEBAKARAN	MUSIMAN
FROST	ORCHARD
ACORN	PAKAIAN

73 - Conduite

```
K  E  C  E  P  A  T  A  N  T  Q  G  I  U
E  N  H  Y  E  O  B  H  H  N  L  Y  S  C
A  B  D  J  J  A  L  N  N  J  I  X  E  R
M  F  Y  E  A  G  M  I  T  J  S  H  P  A
A  I  B  P  L  W  A  C  S  L  E  O  E  J
N  B  A  H  A  Y  A  R  M  I  N  T  D  K
A  M  H  I  N  F  U  K  A  Y  S  K  A  G
N  O  A  F  K  P  C  T  D  S  I  Z  M  A
V  B  N  K  A  U  T  J  R  R  I  F  O  S
M  I  B  P  K  I  T  A  E  U  P  E  T  A
O  L  A  B  I  M  W  L  M  U  K  R  O  K
T  Q  K  E  C  E  L  A  K  A  A  N  R  X
O  L  A  L  U  L  I  N  T  A  S  W  T  X
R  F  R  T  E  R  O  W  O  N  G  A  N  C
```

KECELAKAAN	SEPEDA MOTOR
TRUK	PEJALAN KAKI
BAHAN BAKAR	POLISI
PETA	JALAN
BAHAYA	KEAMANAN
REM	LALU LINTAS
GARASI	TEROWONGAN
GAS	KECEPATAN
LISENSI	MOBIL
MOTOR	

74 - Plantes

```
D E D A U N A N I C W G C S
K R J M K E L O P A K F U E
E F L O R A B Y B C W C X M
B U N G A H R G D A W I B A
U M F T R N U L U M U T V K
N R M T N K M T N G P K K Y
K A C A N G P U A C U A Q Y
D H N K Q H U M S N P K J R
B A M B U E T B W G U T B D
E J T V S B X U S M K U O Z
R T K X H P O H O N C S T J
R R I S L M V B C H Y H A L
Y J B A Q U W C Y Q V S N J
C O J K J V E G E T A S I P
```

POHON
BERRY
BAMBU
BOTANI
SEMAK
KAKTUS
PUPUK
DEDAUNAN
BUNGA
FLORA

HUTAN
TUMBUH
KACANG
RUMPUT
KEBUN
IVY
LUMUT
KELOPAK
AKAR
VEGETASI

75 - Ferme #2

```
B L S B P W R N G J T D G B
I Z G E A C U A S N R O E P
N M F E D X L L A M A M M J
A J O H A R I Z Y A K B B G
T Y R I N H W J U T T A A C
A A C V G R D Q R A O B L P
N Y H E R E X Q M N R Z A I
G Q A M U L M J A G U N G R
B T R E M M A E Y A D X J I
G E D G P P K L U N T O C G
B E B J U H A A R D F R X A
M O P E T A N I S U S U W S
B U A H K N A L E M A R Y I
G U D A N G N O A F B S E L
```

PETANI
BINATANG
GEMBALA
GANDUM
BEBEK
BUAH
GUDANG
IRIGASI
SUSU
LLAMA

SAYUR-MAYUR
JAGUNG
DOMBA
MATANG
MAKANAN
JELAI
PADANG RUMPUT
BEEHIVE
TRAKTOR
ORCHARD

76 - École #1

```
T P E N S I L N L Q O H B O
I E F O L D E R M H G U G T
R R M E N Y E N A N G K A N
V P A A I G D O K U J I A N
A U T P N W A M A B K Q R B
L S E J E Q S O N O L B Y T
F T M A X N Y R S K U R S I
A A A W V J A U I Y W E K S
B K T A K U I S A Z X M E W
E A I B K E B M N B O C L Z
T A K A N A R S G U R U A L
P N A N F E S T F K P X S R
K B J G C P H J A U B Q R Z
O K L U R N Q A E S Z R T Z
```

ALFABET
TEMAN
MENYENANGKAN
PERPUSTAKAAN
KURSI
PENSIL
PENA
MAKAN SIANG
FOLDER

GURU
UJIAN
BUKU
MATEMATIKA
NOMOR
KERTAS
KUIS
JAWABAN
KELAS

77 - Vacances #2

```
Z  A  Y  X  P  D  H  I  R  Q  W  P  O  B
P  S  O  X  P  U  O  P  A  N  T  A  I  A
P  R  R  R  E  S  T  O  R  A  N  R  O  N
R  D  D  L  T  G  E  D  E  M  X  E  R  D
Z  E  H  T  A  D  L  F  S  L  S  K  A  A
R  P  A  S  P  O  R  B  E  I  K  R  N  R
L  A  T  U  J  U  A  N  R  V  H  E  G  A
R  I  S  R  S  C  V  H  V  I  S  A  A  C
L  T  B  Q  W  Z  I  X  A  W  I  S  S  A
V  A  E  U  U  R  U  I  S  L  R  I  I  M
M  K  U  N  R  C  W  U  I  J  J  R  N  P
A  S  V  T  D  A  P  U  L  A  U  G  G  I
E  I  M  C  G  A  N  K  E  R  E  T  A  N
T  R  A  N  S  P  O  R  T  A  S  I  R  G
```

BANDARA	PANTAI
CAMPING	RESTORAN
PETA	RESERVASI
TUJUAN	TAKSI
ORANG ASING	TENDA
HOTEL	KERETA
PULAU	TRANSPORTASI
REKREASI	LIBURAN
LAUT	VISA
PASPOR	

78 - Outils

```
K A B E L K P O K O K W G P
E V D U A C Y T A N G G A E
J K I F B A Y F P A L U M N
E S T H X C P S A U L L A G
G U N T I N G E K J S H P G
O U G A N S S K M X X K W A
N S J L H H G O A T H B I R
I X C I S E V P L B A U T I
P I S A U T D C L Q N S M S
T P E Y Q O A X E L H E R K
E A C A O B H P T A E Z Q K
C Q N D L O R V L Z P M X V
N Q K G U R Y U A E R O D A
P I S A U C U K U R R Z F L
```

POKOK	MALLET
STAPLER	PALU
KABEL	SEKOP
GUNTING	TANG
LEM	PISAU CUKUR
TALI	PENGGARIS
PISAU	RODA
TANGGA	OBOR
KAPAK	BAUT

79 - Temps

```
D A S A W A R S A J O M B W
T B R A F S X T R A N E U L
M A S A D E P A N M K N L I
A D H N P G Q M C J T I A A
L U E U E E R I B N A T N C
A K T U N R O N Y B H U H A
M A I G G A D G V Z U G A W
S L O Y C V N G V L N D R E
X E O I X T Y U E M N I I O
U N B N S E K A R A N G I N
H D Y E T K P A Q S I A N G
S E T E L A H A R I Q K I T
F R U F F U U S G N S B S V
O T E U K E M A R I N W M X
```

TAHUN	KEMARIN
TAHUNAN	HARI
SETELAH	SEKARANG
HARI INI	PAGI
SEBELUM	SIANG
SEGERA	MENIT
KALENDER	BULAN
DASAWARSA	MALAM
MASA DEPAN	MINGGU
JAM	ABAD

80 - Maison

```
D L O T E N G C K N L K D P
A P A G A R M A N D I A I E
P I L N U G A M Z V J R N R
U V Z E G L A N O C S P D P
R F J C K I J M Y F S E I U
J K E B U N T I R A I T N S
O M N L N G E L A M P U G T
K W D L C P E R A P I A N A
G R E K I E M Y R N F D Q K
U J L S G A R A S I G V A A
R U A N G A N M Y A K I S A
K N A T A P T V I D P D T N
D S J B J J T P I N T U F F
J X H D L Q N S B H P C S X
```

SAPU	LOTENG
PERPUSTAKAAN	KEBUN
RUANGAN	LAMPU
PERAPIAN	CERMIN
KUNCI	DINDING
PAGAR	LANGIT-LANGIT
DAPUR	PINTU
MANDI	TIRAI
JENDELA	KARPET
GARASI	ATAP

81 - Légumes

```
K W O R S H F C S Z B Z M D
A Y D W L A B U Y J A M U R
C B A Y A M L B Y Y W R T U
A A C A S G O A X N A U C I
N W R N Z B B W D S N M B L
G A M T A E A A P E G P R Z
Q N Z E I J K N F L M U O S
O G F R T C A G Q E E T K H
C P A O U G H H U D R L O S
F U R N N B W O E R A A L P
T T D G J F N R K I H U I M
E I T Y C W O R T E L T I A
E H M E N T I M U N R K Q K
T O M A T P E T E R S E L I
```

BAWANG PUTIH	BAWANG MERAH
RUMPUT LAUT	BAYAM
ARTICHOKE	JAHE
TERONG	LOBAK
BROKOLI	BAWANG
WORTEL	ZAITUN
SELEDRI	PETERSELI
JAMUR	KACANG
LABU	SALAD
MENTIMUN	TOMAT

82 - Plage

```
L  M  L  T  P  P  N  I  U  O  P  A  R  O
A  P  A  N  M  Y  T  E  D  L  A  D  S  H
G  E  U  T  E  R  U  M  B  U  S  D  S  U
U  R  T  J  A  P  U  L  A  U  I  O  U  P
N  A  Q  H  T  H  Z  N  O  B  R  K  I  A
A  H  K  U  X  B  A  L  I  B  U  R  A  N
S  U  E  C  C  F  C  R  S  D  G  W  P  U
S  L  P  H  S  P  N  I  I  A  G  I  W  R
Y  A  I  A  K  E  R  A  N  G  N  O  A  V
X  Y  T  N  N  B  I  R  U  H  S  D  I  A
Z  A  I  D  I  T  P  A  Y  U  N  G  A  Y
J  R  N  U  E  M  A  R  U  X  W  Q  F  L
T  L  G  K  A  N  G  I  W  R  X  U  I  A
T  T  V  Z  V  K  P  E  R  A  H  U  M  K
```

PERAHU	PAYUNG
BIRU	TERUMBU
KERANG	PASIR
PANTAI	SANDAL
KEPITING	HANDUK
DOK	MATAHARI
PULAU	LIBURAN
LAGUNA	PERAHU LAYAR
LAUT	

83 - Oiseaux

```
T O U C A N B T M T L V T Y
I J S E M P U Q Q E K X B M
U D G O F X R F Y H R O R V
I J B N N P U G B X N A C Y
G A G A K E N T E L U R K W
W U N M K L G W B L B Z Y C
W H R G H I B I E R A Y A M
P G F R S K E M K S N N N E
K K P Z O A O U E B G L G R
A B U R U N G U N T A V U P
P E N G U I N A A O U Q L A
J V C U C K O O R G Q Z L T
K Y R B F L A M I N G O B I
B U R U N G P I P I T L D E
```

ELANG	PENGUIN
BURUNG UNTA	BURUNG PIPIT
BEBEK	GULL
KENARI	TELUR
BANGAU	MERAK
MERPATI	BURUNG BEO
GAGAK	PELIKAN
CUCKOO	AYAM
ANGSA	TOUCAN
FLAMINGO	

84 - Disciplines Scientifiques

```
F  T  A  R  K  E  O  L  O  G  I  B  L  E
I  A  E  A  S  T  R  O  N  O  M  I  N  M
S  M  N  R  P  S  I  K  O  L  O  G  I  E
I  Z  E  A  M  J  Y  V  X  M  B  Z  M  K
O  G  U  T  T  O  G  Z  Y  I  O  O  U  A
L  R  J  W  E  O  D  O  Q  N  T  O  N  N
O  A  J  Z  B  O  M  I  C  E  A  L  O  I
G  K  I  M  I  A  R  I  N  R  N  O  L  K
I  D  M  W  O  K  C  O  Q  A  I  G  O  A
V  E  K  O  L  O  G  I  L  L  M  I  G  Q
U  F  G  L  O  G  E  O  L  O  G  I  I  N
T  C  F  N  G  D  J  N  Q  G  G  M  K  J
J  Z  X  B  I  O  K  I  M  I  A  I  O  A
F  S  O  S  I  O  L  O  G  I  Q  B  Q  L
```

ANATOMI	IMUNOLOGI
ARKEOLOGI	MEKANIKA
ASTRONOMI	METEOROLOGI
BIOKIMIA	MINERALOGI
BIOLOGI	FISIOLOGI
BOTANI	PSIKOLOGI
KIMIA	SOSIOLOGI
EKOLOGI	TERMODINAMIKA
GEOLOGI	ZOOLOGI

85 - Émotions

```
K K E B A I K A N K P U D G
K E L J P S T F F E U K V K
E I B E J I A H D L A X O P
T P E O G B K V P E S X T R
E C R V S A U S I M P A T I
N M S F A A T B J B F B B E
A A Y Z N T N U B U V U R M
N L U Q T P Y A H T B H Q H
G U K U A Q T E N A N G O B
A Q U C I N T A S N H O W C
N V R K E G E M B I R A A N
X I B E R U T A M A R A H Y
P E R D A M A I A N Z G S V
F K E S E D I H A N K D G H
```

CINTA   PERDAMAIAN
TENANG   TAKUT
AMARAH   BERSYUKUR
ISI   LEGA
SANTAI   PUAS
MALU   SIMPATI
KEBOSANAN   KELEMBUTAN
KEBAIKAN   KETENANGAN
KEGEMBIRAAN   KESEDIHAN

86 - Géographie

```
G D E X Y T K W L H P Q B K
A U T A R A D I G S K W E O
R N K V A B M L A U T X N T
I I K H S E L A T A N S U A
S A E A A F E Y D R E U A A
B V T P E T A A L Z G N N I
U V I H I W U H M G A G B G
J N N U K J U L B A R A T C
U P G A T C E Q I M A I P M
R U G N T R E K S S D F B J
Z L I Q N L W J V M T O P Z
J A A H L Q A S R G R I N H
A U N T W P R S O L V K W L
B E L A H A N B U M I E F A
```

KETINGGIAN
ATLAS
PETA
BENUA
KHATULISTIWA
SUNGAI
BELAHAN BUMI
PULAU
GARIS BUJUR

LAUT
DUNIA
GUNUNG
UTARA
BARAT
NEGARA
SELATAN
WILAYAH
KOTA

87 - Danse

```
G A K A D E M I D T S K K L
E K S P R E S I F R C O U V
R M L A T I H A N A R R L P
A V U A X N L P Y D A E T M
K J N S S P S E N I H O U I
A W I G I I I T V S M G R T
N L H M W K K Q I I A R A R
M E L O M P A T S O T A L A
G M T Y G T P U U N S F C R
R O U U K U E R A A W I S O
A S B U D A Y A L L X R B Q
R I U Y X A W N L Y K A V U
P F H Y N Q T G I E Y M P W
P F E H J W W U M P A A W X
```

AKADEMI   GERAKAN
SENI   MUSIK
KOREOGRAFI   MITRA
KLASIK   SIKAP
TUBUH   LATIHAN
BUDAYA   IRAMA
KULTURAL   MELOMPAT
EKSPRESIF   TRADISIONAL
EMOSI   VISUAL
RAHMAT

88 - Bâtiments

```
K  M  O  S  V  K  G  U  D  A  N  G  T  B
A  U  B  R  U  M  A  H  S  A  K  I  T  N
S  R  I  B  Z  E  R  B  T  E  N  D  A  R
T  A  O  T  U  N  A  S  I  V  V  T  S  A
I  M  S  H  J  A  S  M  Q  N  J  F  S  O
L  U  K  W  B  R  I  S  E  K  O  L  A  H
D  L  O  Q  E  A  D  O  G  N  G  M  O  O
S  U  P  E  R  M  A  R  K  E  T  U  G  T
T  H  Z  K  E  D  U  T  A  A  N  S  J  E
A  P  A  R  T  E  M  E  N  C  E  E  N  L
D  R  T  E  A  T  E  R  H  G  S  U  G  X
I  P  A  B  R  I  K  T  F  D  I  M  K  D
O  L  A  B  O  R  A  T  O  R  I  U  M  V
N  O  B  S  E  R  V  A  T  O  R  I  U  M
```

KEDUTAAN
APARTEMEN
KABIN
KASTIL
BIOSKOP
SEKOLAH
GARASI
GUDANG
RUMAH SAKIT
HOTEL

LABORATORIUM
MUSEUM
OBSERVATORIUM
STADION
SUPERMARKET
TENDA
TEATER
MENARA
PABRIK

89 - Pêche

```
R Y X N U A U S Q D E I Q J
A B E R A T M H U A K F E G
H O U O F L P Z I N N A Q I
A K A I T Z A F F A G M Y C
N E E A G A N N Z U L A U T
G S N R X I N S A N G S I Q
X A A D A R M M P E R A H U
P B E I S N K A W A T K U H
X A H R Y A J E Q L U P L D
V R N O E I C A H H N H K Z
H A O T F Y J Y N M U S I M
Q N D O A B I O K G P E X X
G I O H M I I Y I Y V V J B
P E R A L A T A N C X Q Y Y
```

UMPAN
PERAHU
INSANG
KAIT
MASAK
AIR
PERALATAN
KAWAT
SUNGAI

DANAU
RAHANG
LAUT
KERANJANG
KESABARAN
PANTAI
BERAT
MUSIM

90 - Activités et Loisirs

```
B O L A V O L I N P E R S O
H O B I S H O V I T M E A X
Q U G X W B B J J A F N N Z
B E R S E L A N C A R A T B
K P K M E V S D L Q C N A N
I B S E P A K B O L A G I M
T E N I S B E H D U M O X E
T U B I S E T I T K P L A N
B I S B O L N K Q I I F Y Y
W D X H R H B I C S N H J E
B A L A P D F N W A G J U L
R O Q C U K B G R N Y G U A
M E M A N C I N G A U E W M
B E R K E B U N R U U J I R
```

SENI
BISBOL
BASKET
TINJU
CAMPING
BALAP
SEPAK BOLA
GOLF
BERKEBUN
RENANG

HOBI
LUKISAN
MEMANCING
MENYELAM
HIKING
SANTAI
BERSELANCAR
TENIS
BOLA VOLI

91 - Livres

```
P T D K H R L U C U R D S I
E W H O A E A L I G P M M W
T A Q L L L P E N U L I S Z
U L V E A E J I L Y H V I A
A P R K M V D U A L I T A S
L K U S A A E P I K S J Y A
A O I I N N K E C H T Y B S
N N K V S T S F N E O R I T
G T N E J I R E A W R G B R
A E P T A T R U R F I I Z A
N K P E M B A C A I S K T K
A S D I J Y D I T U L I S A
T R A G I S A N O V E L P W
I N V E N T I F R L R P Q O
```

PENULIS	INVENTIF
PETUALANGAN	PEMBACA
KOLEKSI	SASTRA
KONTEKS	NARATOR
DUALITAS	HALAMAN
DITULIS	RELEVAN
EPIK	PUISI
CERITA	NOVEL
HISTORIS	SERI
LUCU	TRAGIS

92 - Pays #2

```
J E P A N G A E M D U C I S
S A V X R G L M N H K X R O
U U M X U R B T J C R P L M
D A R A S D A D E Q A E A A
A C D I I L N B Y T I R N L
N E Z P A K I S T A N A D I
H A I T I H A B I E A N I A
W P H V C P U B A W E C A L
M E K S I K O K I N X I N I
L P E C N P E Y L A O S Q J
Y F N S A E P G T B U N I W
O L Y U G A N D A P P Z W L
T G A D E N M A R K S G Y M
J G V O S I N D O N E S I A
```

ALBANIA	LAOS
CINA	LIBANON
DENMARK	MEKSIKO
PERANCIS	UGANDA
HAITI	PAKISTAN
INDONESIA	RUSIA
IRLANDIA	SOMALIA
JAMAIKA	SUDAN
JEPANG	SURIAH
KENYA	UKRAINA

93 - Fournitures d'Art

```
W A W C C P H P W B N X A S
N R A O T A N A H L I A T K
M A R U I K W S F Z E A B R
I N N C N R Q T O A F M Q E
N G A H T I K E R T A S A A
Y E Q X A L D L M S I K A T
A H F D X I L E K M R O O I
K P W L S K U R S I P I G V
C A T A I R Z B E K E M M I
I M X C N Q I S B A N G E T
X D T E X F B H W M S U J A
S L R M Z Q K T Z E I E A S
P E N G H A P U S R L B L B
D R V Z F P N N W A Y E R W
```

AKRILIK	PENSIL
CAT AIR	KREATIVITAS
TANAH LIAT	AIR
SIKAT	TINTA
KAMERA	PENGHAPUS
KURSI	MINYAK
ARANG	IDE
EASEL	KERTAS
LEM	PASTEL
WARNA	MEJA

94 - Jouets

```
V N Z B J S B K C T U P H Z
B M C S A L U E D A B E A N
B O N E K A K R B N C R P T
J B T P E Y U E O A H M E W
K I E E R A T T L H E A S I
Y L K D A N T A A L T I A M
K Z A A J G P D H I R N W A
L F T Z I L I E D A U A A J
L A E Z N A A C R T K N T I
R V K R A Y O N U A G O V N
T O I Q N A J O M N H F W A
X R B N S N E Q J F M U M S
F I T O F G T S Z O I W R I
D T V Z T C A T U R X I Y P
```

TANAH LIAT	IMAJINASI
KERAJINAN	PERMAINAN
PESAWAT	BUKU
BOLA	BONEKA
PERAHU	TEKA-TEKI
TRUK	ROBOT
LAYANG-LAYANG	DRUM
KRAYON	KERETA
CATUR	SEPEDA
FAVORIT	MOBIL

95 - Eau

```
W  P  D  L  P  S  A  L  J  U  L  R  V  N
M  U  S  I  M  E  G  M  K  R  A  R  P  H
G  E  U  T  W  S  N  E  A  N  U  P  G  U
E  M  N  H  R  C  J  G  Y  N  T  D  I  J
L  B  G  Q  G  L  R  N  U  S  D  O  D  A
O  U  A  P  Y  P  Q  K  L  A  E  I  T  N
M  N  I  I  R  I  G  A  S  I  P  R  B  R
B  B  A  D  A  I  N  T  D  P  M  A  A  B
A  E  D  N  P  P  T  T  U  B  E  E  N  J
N  K  A  N  A  L  X  A  U  Z  N  E  J  A
G  U  N  A  Z  U  V  H  I  N  A  C  I  C
Y  A  A  J  H  W  C  P  O  U  T  B  R  G
Z  S  U  G  K  E  L  E  M  B  A  B  A  N
G  Z  X  A  K  P  L  E  M  B  A  B  T  W
```

KANAL	IRIGASI
MANDI	DANAU
PENGUAPAN	MUSIM
SUNGAI	SALJU
EMBUN BEKU	LAUT
GEYSER	BADAI
ES	HUJAN
LEMBAB	GELOMBANG
KELEMBABAN	UAP
BANJIR	

96 - Paysages

```
A P L N G G L E T S E R F G
W I L E L E S O U Q B M Z U
G P R T M D Y C O V Z Z O A
U O A T G B F S S U N G A I
R R W I E T A V E B L U S K
U P A X M R R H H R B A I Z
N Z D M C E J X J F G R S Z
D J A K Y L A U T R B Q X E
G U N U N G E S N M U A R A
J P A N T A I T U N D R A B
A U U S E M E N A N J U N G
V L G U N U N G B E R A P I
Q A G U N U N G N J Q Y K U
B U K I T S L O G A R J X F
```

AIR TERJUN	DANAU
BUKIT	RAWA
GURUN	LAUT
MUARA	GUNUNG
SUNGAI	OASIS
GEYSER	SEMENANJUNG
GLETSER	PANTAI
GUA	TUNDRA
GUNUNG ES	LEMBAH
PULAU	GUNUNG BERAPI

97 - Nombres

```
E N N D E N S A T U L A B T
X M K E M A O M Z P T R C U
Z H P L P A C L N Q D E Z J
B J F A A J V N V V X C H U
Y T N P T D U A T U J U H H
L I M A B E L A S Y D E D B
S G L N E S N Q F K U N E E
E A I B L I J A K P A A L L
P B M E A M C E M T P M A A
U E A L S A E X A I U B P S
L L A A M L N Y J G L E A I
U A D S W B T R Y A U L N E
H S E M B I L A N W H A L T
U D U A B E L A S N D S Y E
```

LIMA	EMPAT
DUA	LIMA BELAS
DESIMAL	ENAM BELAS
SEPULUH	TUJUH
DELAPAN BELAS	ENAM
TUJUH BELAS	TIGA BELAS
DUA BELAS	TIGA
DELAPAN	SATU
SEMBILAN	DUA PULUH
EMPAT BELAS	NOL

98 - Nature

```
K F L E U T B C S R Q G P T
E A E Z S O N G T B E M E E
C E B D I N A M I S M B N N
A N A U G U R U N F L I A A
N L H U T A N B T S S N M N
T T I R J G J U G V S A P G
I R K A D E R O S I U T U Q
K O P W R E C L P T A A N A
A P D A D N D Y Z A K N G Y
N I W F G W D A R L A G A P
F S S U N G A I U W B E N A
G U N U N G X X G N A M U P
A R K T I K M R O L A V H I
G L E T S E R C A W A N R L
```

LEBAH	SUNGAI
PENAMPUNGAN	HUTAN
BINATANG	GLETSER
ARKTIK	GUNUNG
KECANTIKAN	AWAN
KABUT	TENANG
GURUN	SUAKA
DINAMIS	LIAR
EROSI	TROPIS
DEDAUNAN	VITAL

99 - Bateaux

```
X M P A S A N G K B P K T Y
C I X E A W A K A A E A I A
Q M F N L M B Z Y H R N A C
A A E G A A E H A A A O N H
R R K Q U P U S K R H I G T
J I T F T E I T I I U P K I
N T A Y S L O Y F N L P A P
X I L Y U A T S N K A Q P J
I M I G N M O J U D Y R A F
N N B Z G P M U G D A Z L M
F E R I A U B X L L R N V D
M S I A I N A J A N G K A R
R A K I T G K K C Y S P S U
M E T G A T V J D E A E V K
```

JANGKAR	PELAUT
PELAMPUNG	MARITIM
KANO	TIANG KAPAL
TALI	LAUT
AWAK	MESIN
FERI	BAHARI
SUNGAI	RAKIT
KAYAK	OMBAK
DANAU	PERAHU LAYAR
PASANG	YACHT

100 - Mesures

```
Q  J  S  R  I  K  X  A  R  F  S  H  V  E
F  D  H  N  U  N  I  P  C  I  Q  J  H  C
E  I  F  G  C  B  C  L  E  B  A  R  P  S
P  S  D  P  C  K  L  I  O  U  B  Y  T  E
P  P  K  I  L  O  G  R  A  M  P  I  O  K
D  E  S  I  M  A  L  P  T  U  E  W  N  M
K  E  D  A  L  A  M  A  N  T  V  T  B  Y
B  E  R  A  T  M  E  N  I  T  O  I  E  H
D  E  R  A  J  A  T  J  G  I  L  N  R  R
L  I  T  E  R  E  E  A  R  W  U  G  S  X
M  A  S  S  A  A  R  N  A  D  M  G  P  K
E  L  P  Q  T  R  X  G  M  M  E  I  T  J
S  E  N  T  I  M  E  T  E  R  L  H  Z  U
S  R  S  P  J  Z  I  I  X  R  B  S  O  E
```

SENTIMETER	MASSA
DERAJAT	METER
DESIMAL	MENIT
GRAM	BYTE
TINGGI	ONS
KILOGRAM	BERAT
KILOMETER	INCI
LEBAR	KEDALAMAN
LITER	TON
PANJANG	VOLUME

1 - Été

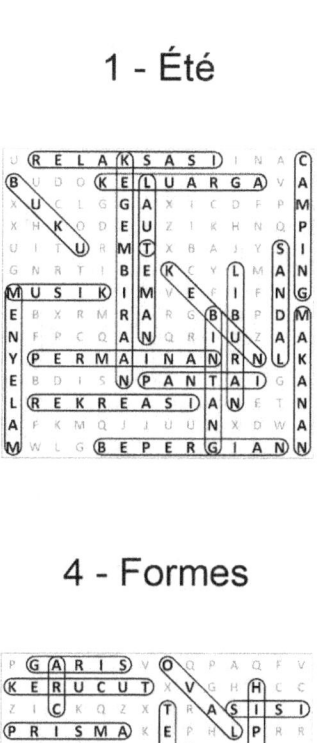
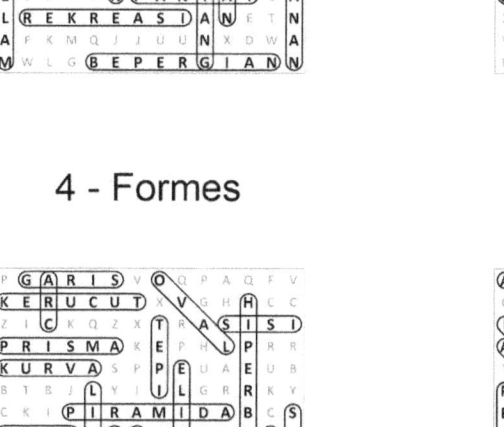

2 - Adjectifs #2

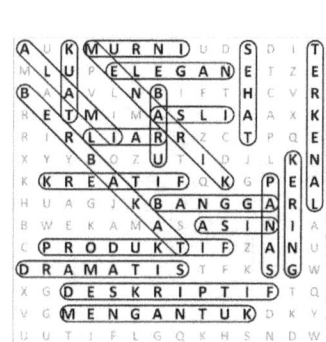

3 - Exploration

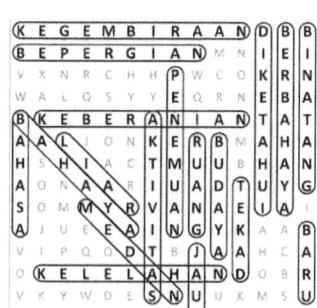

4 - Formes

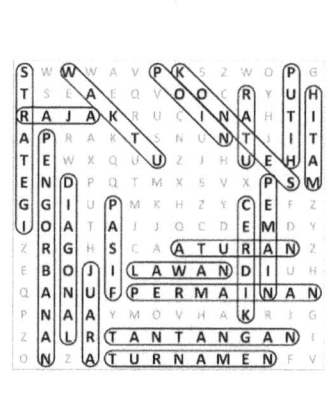

5 - Adjectifs #1

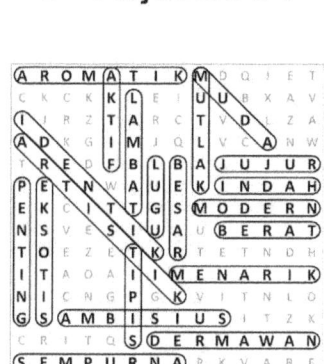

6 - Instruments de Musique

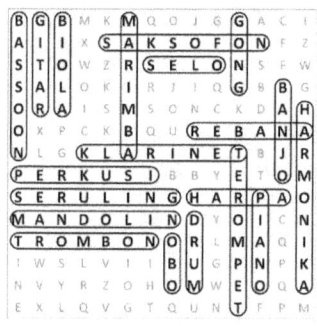

7 - Échecs

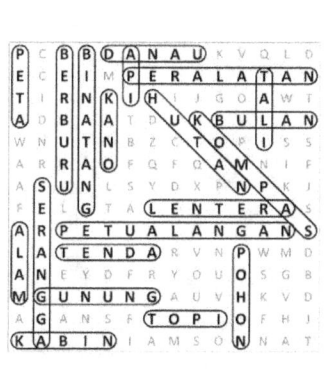

8 - Herboristerie

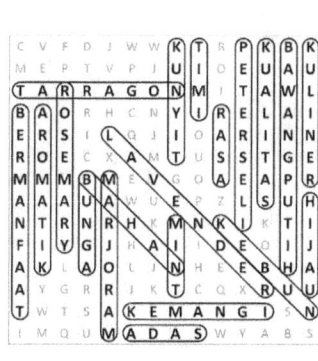

9 - Véhicules

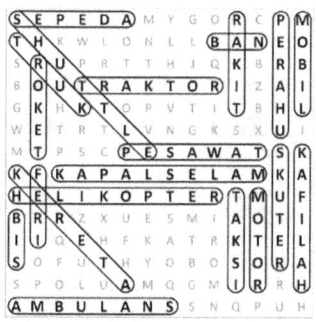

10 - Camping

11 - Conservation

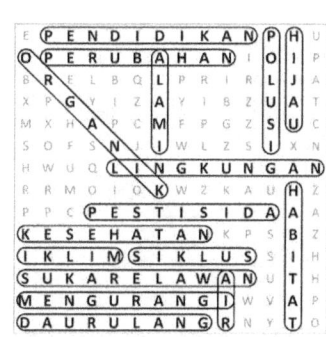

12 - Écologie

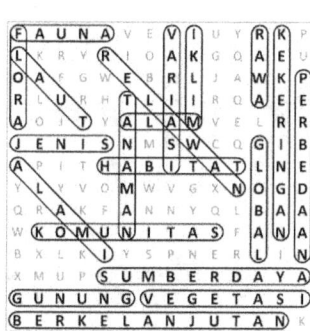

13 - Astronomie

14 - Types de Cheveux

15 - Restaurant #1

16 - Mammifères

17 - Sports

18 - Chocolat

19 - Mathématiques

20 - Mythologie

21 - Restaurant #2

22 - Couleurs

23 - Avions

24 - Aventure

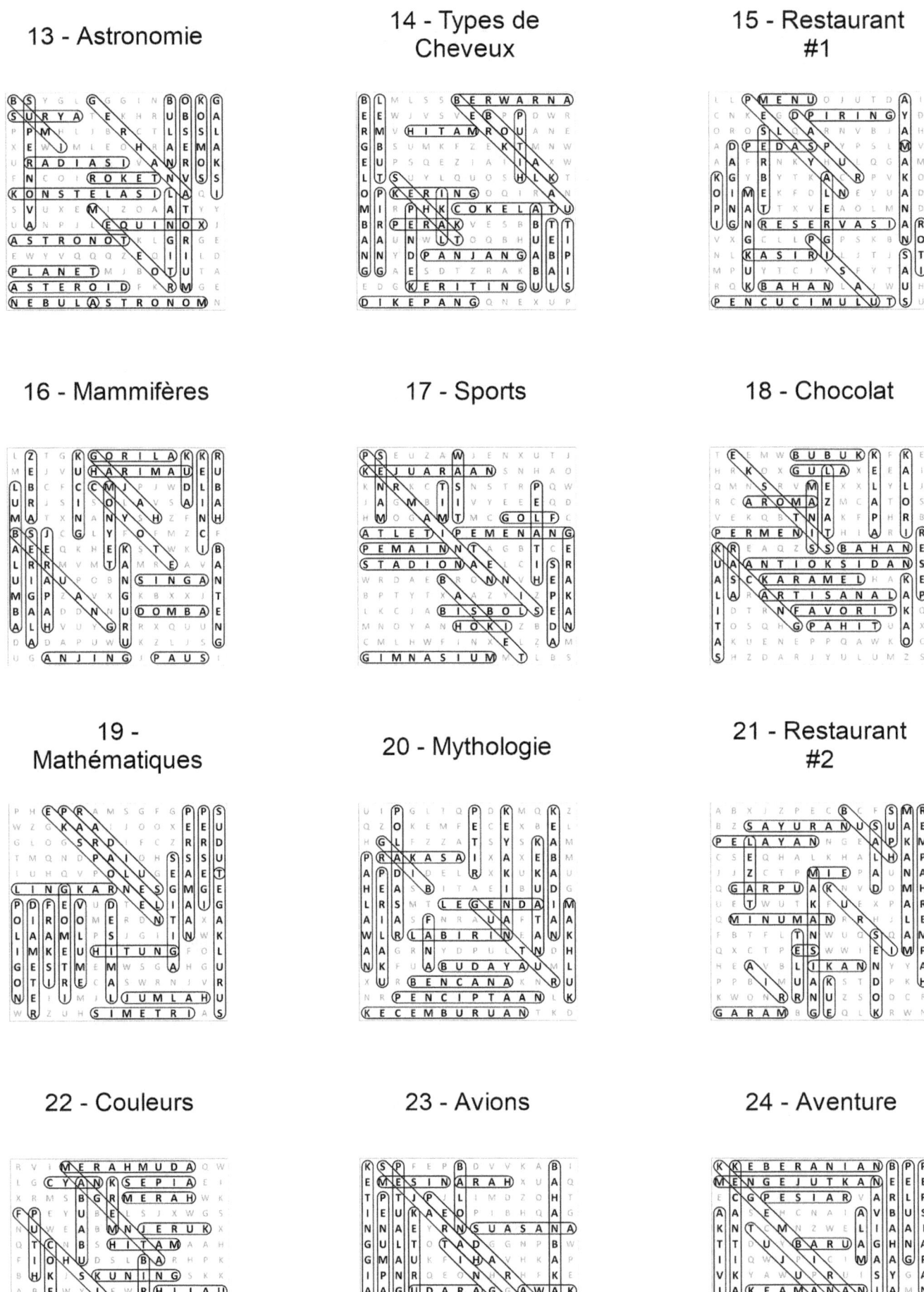

25 - Ville

26 - Cuisine

27 - Corps Humain

28 - Épices

29 - Science

30 - Chats

31 - Vêtements

32 - Arts Visuels

33 - Méditation

34 - Littérature

35 - Nourriture #1

36 - Jours et Mois

37 - Pirates

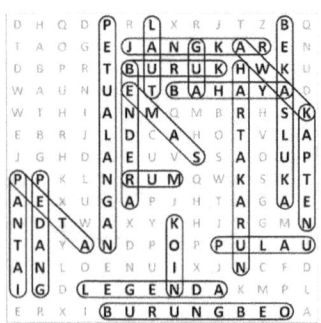

38 - Activités

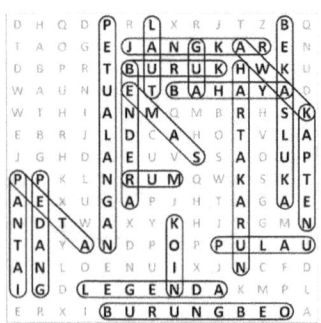

39 - Fleurs

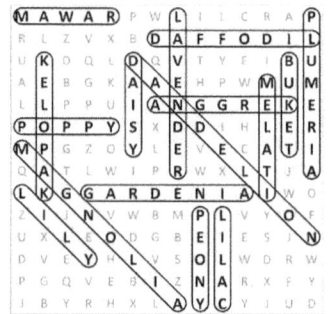

40 - Nourriture #2

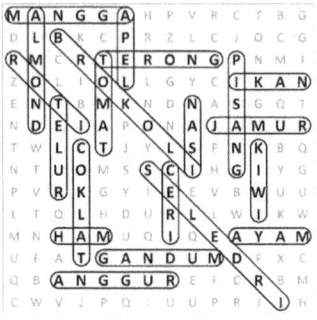

41 - Sons

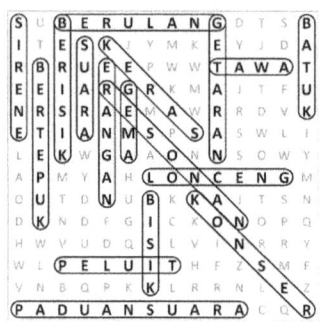

42 - Océan

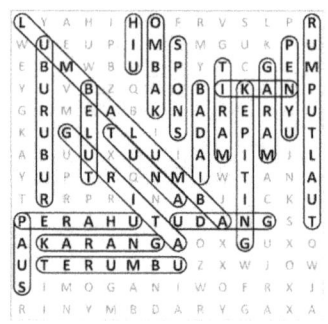

43 - Remplir

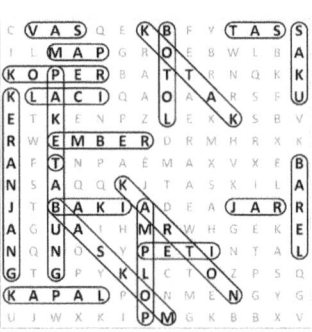

44 - Ballet

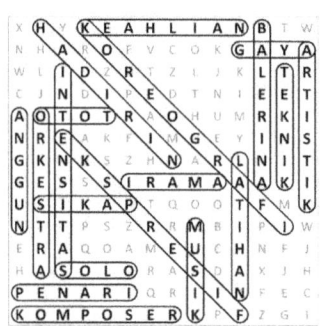

45 - Fruit

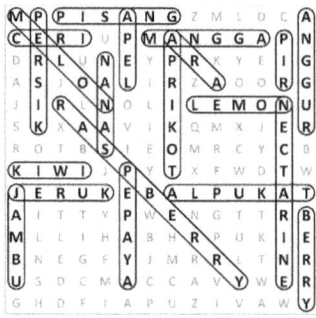

46 - Surf

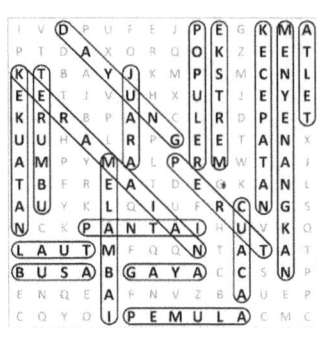

47 - Technologie

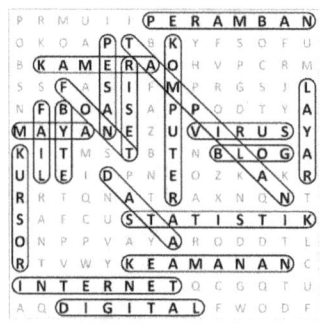

48 - Comédie

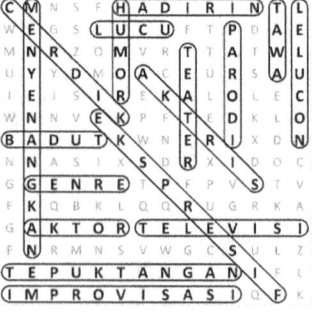

49 - Météo

50 - Châteaux

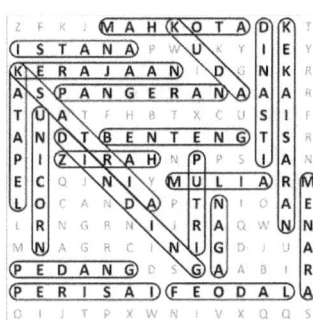

51 - Randonnée

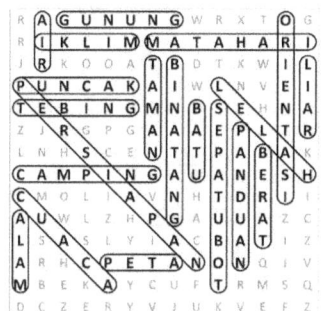

52 - Art

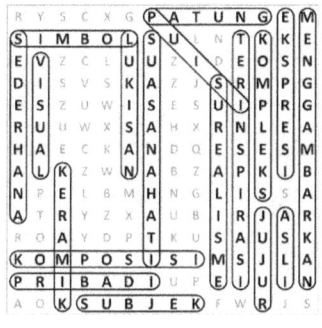

53 - Nutrition

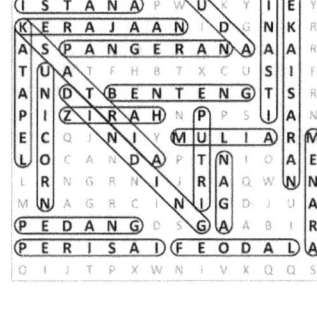

54 - Science Fiction

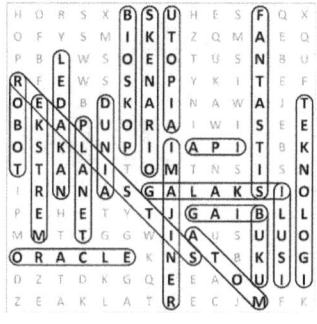

55 - Vertus #1

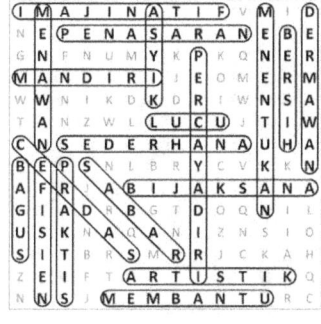

56 - Professions #1

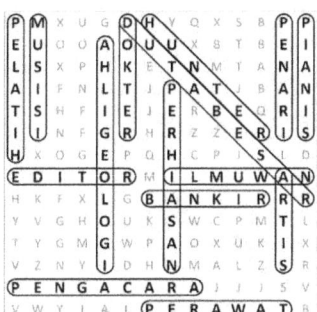

57 - Géologie

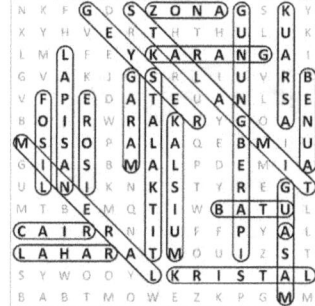

58 - Cirque

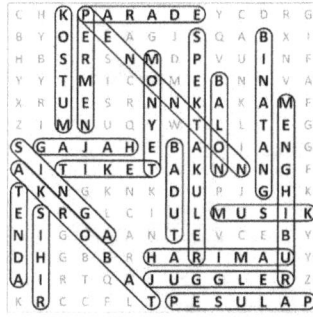

59 - Jardin

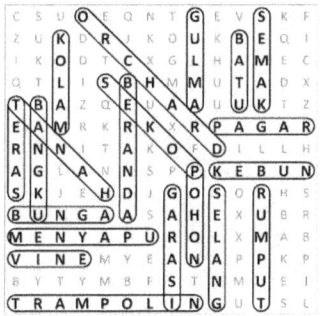

60 - Barbecues

61 - Anniversaire

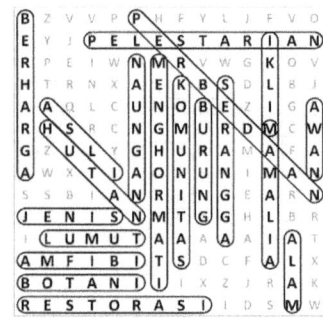

62 - Animaux de Compagnie

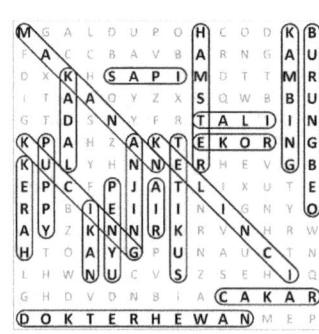

63 - Forêt Tropicale

64 - Insectes

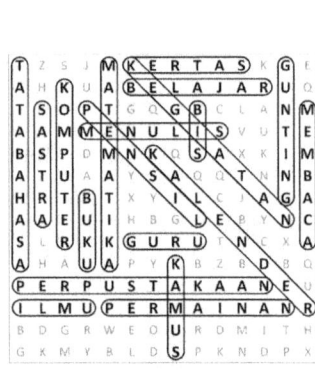

65 - Ferme #1

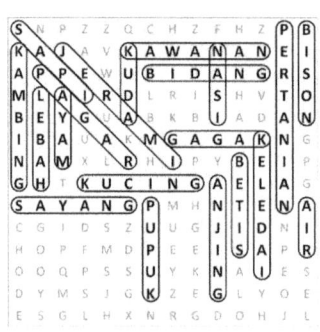

66 - Escalade

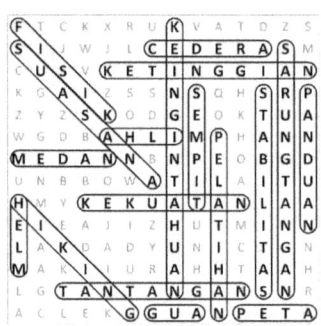

67 - École #2

68 - Antarctique

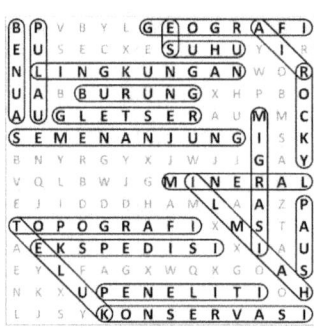

69 - Professions #2

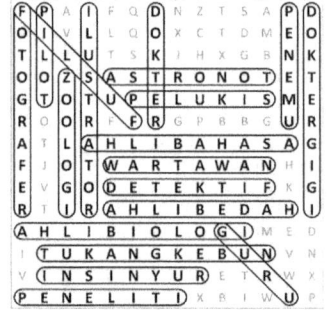

70 - Les Abeilles

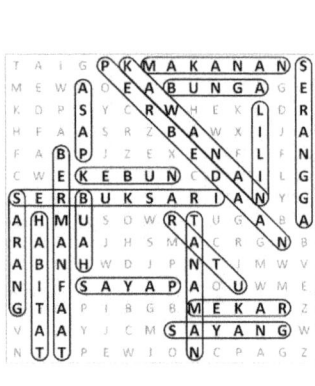

71 - Dinosaures

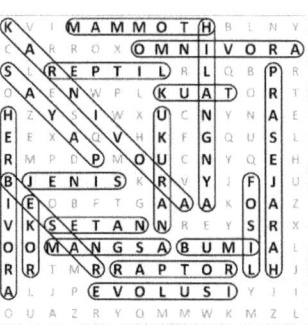

72 - Automne

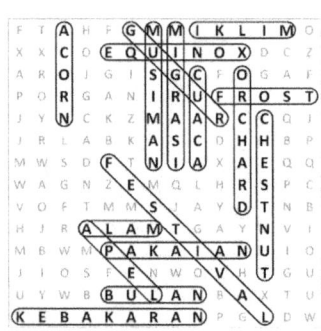

73 - Conduite

74 - Plantes

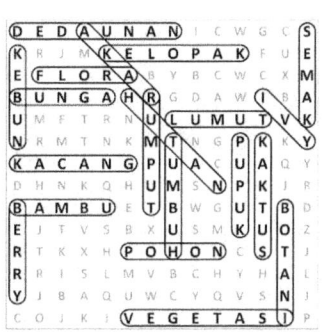

75 - Ferme #2

76 - École #1

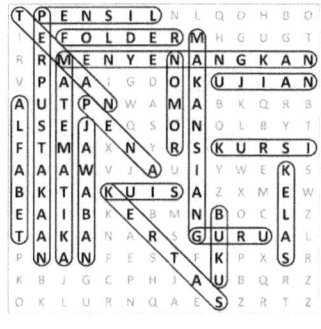

77 - Vacances #2

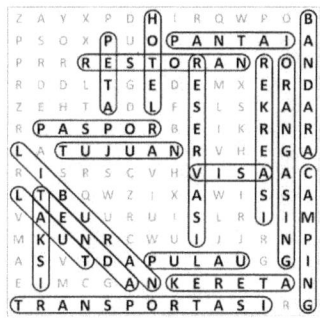

78 - Outils

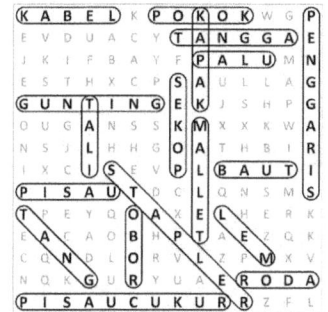

79 - Temps

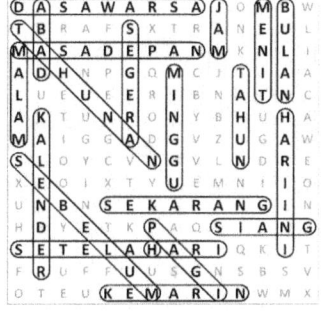

80 - Maison

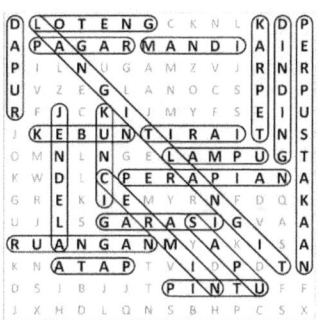

81 - Légumes

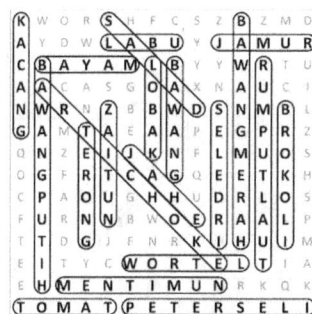

82 - Plage

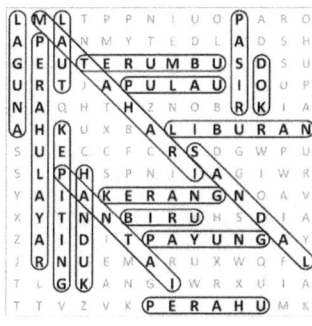

83 - Oiseaux

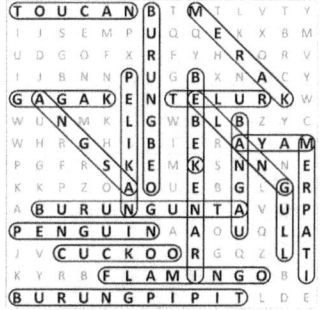

84 - Disciplines Scientifiques

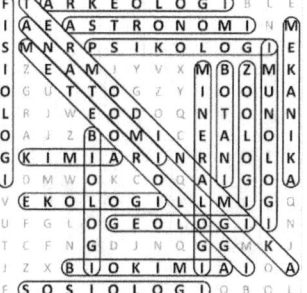

85 - Émotions

86 - Géographie

87 - Danse

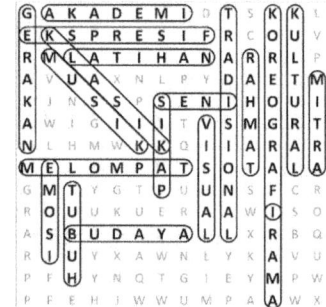

88 - Bâtiments

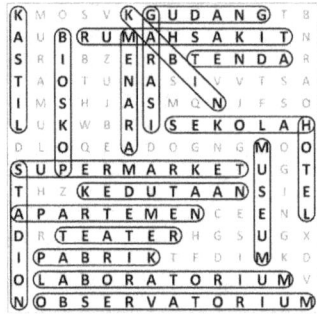

89 - Pêche

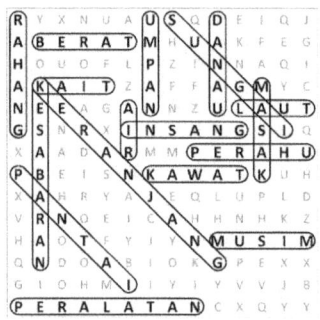

90 - Activités et Loisirs

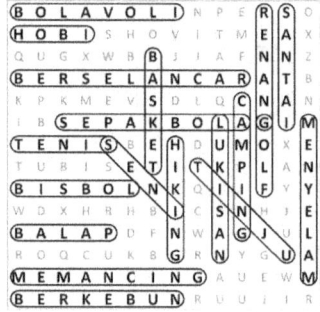

91 - Livres

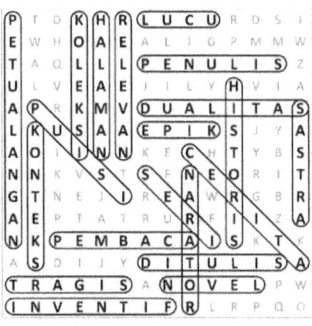

92 - Pays #2

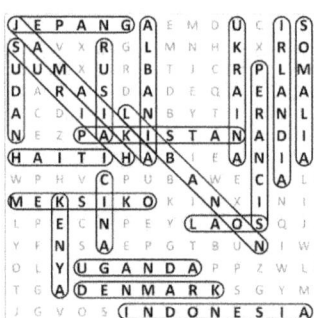

93 - Fournitures d'Art

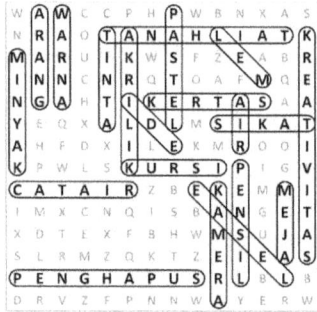

94 - Jouets

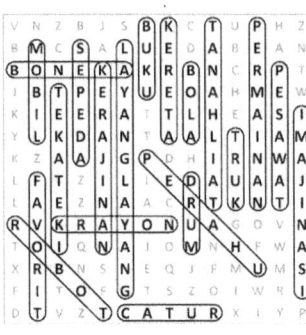

95 - Eau

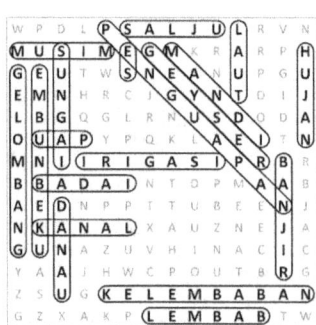

96 - Paysages

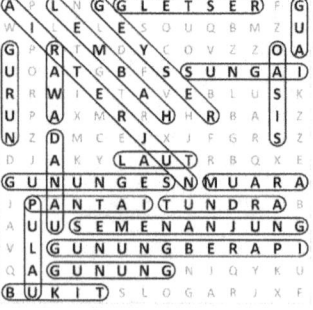

97 - Nombres

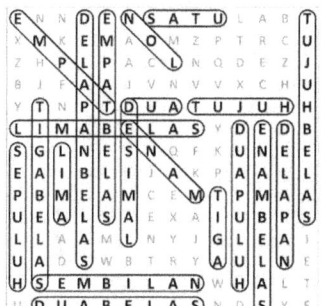

98 - Nature

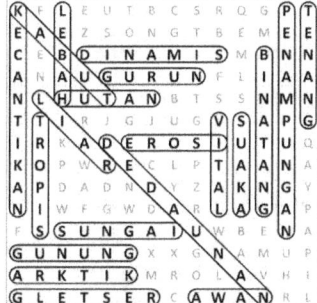

99 - Bateaux

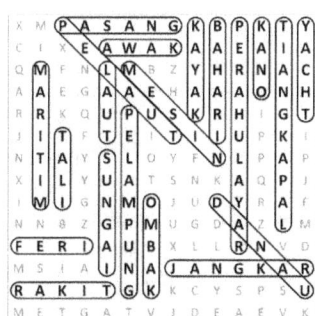

100 - Mesures

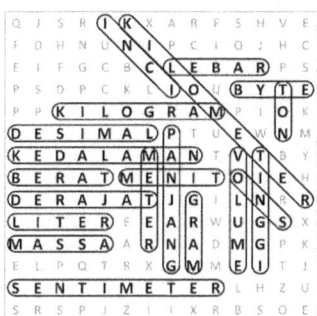

Dictionnaire

Activités
Kegiatan

Activité	Aktivitas
Art	Seni
Artisanat	Kerajinan
Camping	Camping
Céramique	Keramik
Chasse	Berburu
Compétence	Keahlian
Couture	Jahit
Intérêts	Minat
Jardinage	Berkebun
Jeux	Permainan
Lecture	Membaca
Loisir	Rekreasi
Magie	Sihir
Peinture	Lukisan
Pêche	Memancing
Photographie	Fotografi
Plaisir	Kesenangan
Randonnée	Hiking
Relaxation	Relaksasi

Activités et Loisirs
Aktivitas dan Kenyamanan

Art	Seni
Base-Ball	Bisbol
Basket-Ball	Basket
Boxe	Tinju
Camping	Camping
Course	Balap
Football	Sepak Bola
Golf	Golf
Jardinage	Berkebun
Nager	Renang
Passe-Temps	Hobi
Peinture	Lukisan
Pêche	Memancing
Plongée	Menyelam
Randonnée	Hiking
Relaxant	Santai
Surf	Berselancar
Tennis	Tenis
Volley-Ball	Bola Voli
Voyage	Bepergian

Adjectifs #1
Kata Sifat # 1

Absolu	Mutlak
Actif	Aktif
Ambitieux	Ambisius
Aromatique	Aromatik
Artistique	Artistik
Attractif	Menarik
Beau	Indah
Exotique	Eksotis
Énorme	Besar
Généreux	Dermawan
Honnête	Jujur
Identique	Identik
Important	Penting
Innocent	Lugu
Jeune	Muda
Lent	Lambat
Lourd	Berat
Mince	Tipis
Moderne	Modern
Parfait	Sempurna

Adjectifs #2
Kata Sifat #2

Authentique	Asli
Célèbre	Terkenal
Chaud	Panas
Créatif	Kreatif
Descriptif	Deskriptif
Doué	Berbakat
Dramatique	Dramatis
Élégant	Elegan
Fier	Bangga
Fort	Kuat
Intéressant	Menarik
Naturel	Alami
Nouveau	Baru
Productif	Produktif
Pur	Murni
Sain	Sehat
Salé	Asin
Sauvage	Liar
Sec	Kering
Somnolent	Mengantuk

Animaux de Compagnie
Hewan Peliharaan

Chat	Kucing
Chèvre	Kambing
Chien	Anjing
Chiot	Puppy
Collier	Kerah
Eau	Air
Griffes	Cakar
Hamster	Hamster
Laisse	Tali
Lapin	Kelinci
Lézard	Kadal
Nourriture	Makanan
Perroquet	Burung Beo
Poisson	Ikan
Queue	Ekor
Souris	Tetikus
Tortue	Penyu
Vache	Sapi
Vétérinaire	Dokter Hewan

Anniversaire
Hari Ulang Tahun

Amis	Teman
Amusement	Menyenangkan
Année	Tahun
Bougies	Lilin
Cadeau	Hadiah
Calendrier	Kalender
Cartes	Kartu
Chanson	Lagu
Fête	Perayaan
Gâteau	Kue
Heureux	Senang
Invitations	Undangan
Jeune	Muda
Jour	Hari
Né	Lahir
Sagesse	Kebijaksanaan
Spécial	Khusus
Super	Hebat
Temps	Waktu

Antarctique
Antartika

Baie	Teluk
Baleines	Paus
Chercheur	Peneliti
Conservation	Konservasi
Continent	Benua
Eau	Air
Environnement	Lingkungan
Expédition	Ekspedisi
Géographie	Geografi
Glace	Es
Glaciers	Gletser
Îles	Pulau
Migration	Migrasi
Minéraux	Mineral
Oiseaux	Burung
Péninsule	Semenanjung
Rocheux	Rocky
Scientifique	Ilmiah
Température	Suhu
Topographie	Topografi

Art
Seni

Céramique	Keramik
Complexe	Kompleks
Composition	Komposisi
Dépeindre	Menggambarkan
Expression	Ekspresi
Honnête	Jujur
Humeur	Suasana Hati
Inspiré	Terinspirasi
Original	Asli
Peintures	Lukisan
Personnel	Pribadi
Poésie	Puisi
Sculpture	Patung
Simple	Sederhana
Sujet	Subjek
Surréalisme	Surealisme
Symbole	Simbol
Visuel	Visual

Arts Visuels
Seni Visual

Architecture	Arsitektur
Argile	Tanah Liat
Artiste	Artis
Céramique	Keramik
Charbon	Arang
Chef-D'Œuvre	Mahakarya
Chevalet	Penyangga
Cire	Lilin
Composition	Komposisi
Craie	Kapur
Crayon	Pensil
Créativité	Kreativitas
Film	Film
Peinture	Lukisan
Perspective	Perspektif
Photographie	Foto
Portrait	Potret
Sculpture	Patung
Stylo	Pena
Vernis	Pernis

Astronomie
Astronomi

Astéroïde	Asteroid
Astronaute	Astronot
Astronome	Astronom
Ciel	Langit
Constellation	Konstelasi
Cosmos	Kosmos
Éclipse	Gerhana
Équinoxe	Equinox
Fusée	Roket
Galaxie	Galaksi
Lune	Bulan
Météore	Meteor
Nébuleuse	Nebula
Observatoire	Observatorium
Planète	Planet
Radiation	Radiasi
Solaire	Surya
Supernova	Supernova
Terre	Bumi
Univers	Alam Semesta

Automne
Musim Gugur

Caduc	Gugur
Châtaignes	Chestnut
Climat	Iklim
Équinoxe	Equinox
Festival	Festival
Feux	Kebakaran
Gel	Frost
Gland	Acorn
Météo	Cuaca
Migration	Migrasi
Mois	Bulan
Nature	Alam
Pommes	Apel
Saisonnier	Musiman
Verger	Orchard
Vêtements	Pakaian

Aventure
Petualangan

Activité	Aktivitas
Beauté	Kecantikan
Bravoure	Keberanian
Chance	Kesempatan
Dangereux	Berbahaya
Destination	Tujuan
Difficulté	Kesulitan
Enthousiasme	Antusiasme
Excursion	Pesiar
Inhabituel	Tidak Biasa
Itinéraire	Jadwal
Joie	Kegembiraan
Nature	Alam
Navigation	Navigasi
Nouveau	Baru
Opportunité	Peluang
Préparation	Persiapan
Sécurité	Keamanan
Surprenant	Mengejutkan
Voyages	Perjalanan

Avions
Pesawat Terbang

Air	Udara
Altitude	Ketinggian
Atmosphère	Suasana
Atterrissage	Pendaratan
Aventure	Petualangan
Ballon	Balon
Carburant	Bahan Bakar
Ciel	Langit
Construction	Konstruksi
Descente	Keturunan
Direction	Arah
Équipage	Awak
Gonfler	Mengembang
Hauteur	Tinggi
Histoire	Sejarah
Hydrogène	Hidrogen
Moteur	Mesin
Passager	Penumpang
Pilote	Pilot
Turbulence	Turbulensi

Ballet
Balet

Applaudissement	Tepuk Tangan
Artistique	Artistik
Ballerine	Balerina
Chorégraphie	Koreografi
Compétence	Keahlian
Compositeur	Komposer
Danseurs	Penari
Expressif	Ekspresif
Geste	Sikap
Gracieux	Anggun
Intensité	Intensitas
Muscles	Otot
Musique	Musik
Orchestre	Orkestra
Public	Hadirin
Répétition	Latihan
Rythme	Irama
Solo	Solo
Style	Gaya
Technique	Teknik

Barbecues
Barbekyu

Chaud	Panas
Couteaux	Pisau
Déjeuner	Makan Siang
Dîner	Makan Malam
Enfants	Anak
Été	Musim Panas
Faim	Kelaparan
Famille	Keluarga
Fruit	Buah
Gril	Grill
Jeux	Permainan
Légumes	Sayuran
Musique	Musik
Oignons	Bawang
Poivre	Lada
Poulet	Ayam
Salades	Salad
Sauce	Saus
Sel	Garam
Tomates	Tomat

Bateaux
Perahu

Ancre	Jangkar
Bouée	Pelampung
Canoë	Kano
Corde	Tali
Équipage	Awak
Ferry	Feri
Fleuve	Sungai
Kayak	Kayak
Lac	Danau
Marée	Pasang
Marin	Pelaut
Maritime	Maritim
Mât	Tiang Kapal
Mer	Laut
Moteur	Mesin
Nautique	Bahari
Radeau	Rakit
Vagues	Ombak
Voilier	Perahu Layar
Yacht	Yacht

Bâtiments
Bangunan

Ambassade	Kedutaan
Appartement	Apartemen
Cabine	Kabin
Château	Kastil
Cinéma	Bioskop
École	Sekolah
Garage	Garasi
Grange	Gudang
Hôpital	Rumah Sakit
Hôtel	Hotel
Laboratoire	Laboratorium
Musée	Museum
Observatoire	Observatorium
Stade	Stadion
Supermarché	Supermarket
Tente	Tenda
Théâtre	Teater
Tour	Menara
Université	Universitas
Usine	Pabrik

Camping
Berkemah

Animaux	Binatang
Arbres	Pohon
Aventure	Petualangan
Boussole	Kompas
Cabine	Kabin
Canoë	Kano
Carte	Peta
Chapeau	Topi
Chasse	Berburu
Corde	Tali
Équipement	Peralatan
Feu	Api
Forêt	Hutan
Insecte	Serangga
Lac	Danau
Lanterne	Lentera
Lune	Bulan
Montagne	Gunung
Nature	Alam
Tente	Tenda

Chats
Kucing

Chasseur	Hunter
Curieux	Penasaran
Dormir	Tidur
Drôle	Lucu
Espiègle	Ceria
Fil	Benang
Fou	Gila
Fourrure	Bulu
Griffe	Cakar
Indépendant	Mandiri
Patte	Kaki
Personnalité	Kepribadian
Peu	Kecil
Queue	Ekor
Rapide	Cepat
Sauvage	Liar
Souris	Tetikus
Timide	Malu

Châteaux
Kastil

Armure	Zirah
Bouclier	Perisai
Catapulte	Katapel
Cheval	Kuda
Chevalier	Ksatria
Couronne	Mahkota
Dragon	Naga
Dynastie	Dinasti
Empire	Kekaisaran
Épée	Pedang
Féodal	Feodal
Forteresse	Benteng
Licorne	Unicorn
Mur	Dinding
Noble	Mulia
Palais	Istana
Prince	Pangeran
Princesse	Putri
Royaume	Kerajaan
Tour	Menara

Chocolat
Cokelat

Amer	Pahit
Antioxydant	Antioksidan
Arôme	Aroma
Artisanal	Artisanal
Bonbon	Permen
Cacahuètes	Kacang
Cacao	Kakao
Calories	Kalori
Caramel	Karamel
Délicieux	Lezat
Doux	Manis
Exotique	Eksotis
Favori	Favorit
Goût	Rasa
Ingrédient	Bahan
Noix de Coco	Kelapa
Poudre	Bubuk
Qualité	Kualitas
Recette	Resep
Sucre	Gula

Cirque
Sirkus

Acrobate	Akrobat
Animaux	Binatang
Ballons	Balon
Billet	Tiket
Bonbon	Permen
Clown	Badut
Costume	Kostum
Divertir	Menghibur
Éléphant	Gajah
Jongleur	Juggler
Lion	Singa
Magicien	Pesulap
Magie	Sihir
Musique	Musik
Parade	Parade
Singe	Monyet
Spectaculaire	Spektakuler
Spectateur	Penonton
Tente	Tenda
Tigre	Harimau

Comédie
Komedi

Acteur	Aktor
Actrice	Aktris
Amusement	Menyenangkan
Applaudissement	Tepuk Tangan
Blagues	Lelucon
Clowns	Badut
Drôle	Lucu
Expressif	Ekspresif
Genre	Genre
Humour	Humor
Improvisation	Improvisasi
Intelligent	Cerdik
Parodie	Parodi
Public	Hadirin
Rire	Tawa
Télévision	Televisi
Théâtre	Teater

Conduite
Mengemudi

Accident	Kecelakaan
Camion	Truk
Carburant	Bahan Bakar
Carte	Peta
Danger	Bahaya
Freins	Rem
Garage	Garasi
Gaz	Gas
Licence	Lisensi
Moteur	Motor
Moto	Sepeda Motor
Piéton	Pejalan Kaki
Police	Polisi
Route	Jalan
Sécurité	Keamanan
Trafic	Lalu Lintas
Transport	Transportasi
Tunnel	Terowongan
Vitesse	Kecepatan
Voiture	Mobil

Conservation
Konservasi

Bénévole	Sukarelawan
Changements	Perubahan
Climat	Iklim
Cycle	Siklus
Durable	Berkelanjutan
Eau	Air
Environnemental	Lingkungan
Écosystème	Ekosistem
Éducation	Pendidikan
Habitat	Habitat
Naturel	Alami
Organique	Organik
Pesticide	Pestisida
Pollution	Polusi
Recycler	Daur Ulang
Réduire	Mengurangi
Santé	Kesehatan
Vert	Hijau

Corps Humain
Tubuh Manusia

Bouche	Mulut
Cerveau	Otak
Cou	Leher
Coude	Siku
Cœur	Hati
Doigt	Jari
Estomac	Perut
Épaule	Bahu
Genou	Lutut
Langue	Lidah
Lèvres	Bibir
Main	Tangan
Mâchoire	Rahang
Menton	Dagu
Nez	Hidung
Oreille	Telinga
Peau	Kulit
Sang	Darah
Tête	Kepala
Visage	Wajah

Couleurs
Colors

Azur	Azure
Beige	Krem
Blanc	Putih
Bleu	Biru
Cyan	Cyan
Fuchsia	Fuchsia
Gris	Abu-Abu
Indigo	Nila
Jaune	Kuning
Magenta	Magenta
Marron	Cokelat
Noir	Hitam
Orange	Jeruk
Rose	Merah Muda
Rouge	Merah
Sépia	Sepia
Vert	Hijau
Violet	Ungu

Cuisine
Kitchen

Baguettes	Sumpit
Bol	Mangkuk
Bouilloire	Ketel
Congélateur	Freezer
Couteaux	Pisau
Cruche	Kendi
Cuillères	Sendok
Épices	Rempah-Rempah
Éponge	Spons
Four	Oven
Fourchettes	Garpu
Gril	Grill
Nourriture	Makanan
Pot	Jar
Recette	Resep
Réfrigérateur	Kulkas
Serviette	Serbet
Tablier	Celemek
Tasses	Cangkir

Danse
Menari

Académie	Akademi
Art	Seni
Chorégraphie	Koreografi
Classique	Klasik
Corps	Tubuh
Culture	Budaya
Culturel	Kultural
Expressif	Ekspresif
Émotion	Emosi
Grâce	Rahmat
Mouvement	Gerakan
Musique	Musik
Partenaire	Mitra
Posture	Sikap
Répétition	Latihan
Rythme	Irama
Saut	Melompat
Traditionnel	Tradisional
Visuel	Visual

Dinosaures
Dinosaurus

Ailes	Sayap
Carnivore	Karnivora
Disparition	Hilangnya
Espèce	Jenis
Évolution	Evolusi
Fossiles	Fosil
Grand	Besar
Herbivore	Herbivora
Mammouth	Mammoth
Omnivore	Omnivora
Préhistorique	Prasejarah
Proie	Mangsa
Puissant	Kuat
Queue	Ekor
Rapace	Raptor
Reptile	Reptil
Taille	Ukuran
Terre	Bumi
Vicieux	Setan

Disciplines Scientifiques
Disiplin Ilmiah

Anatomie	Anatomi
Archéologie	Arkeologi
Astronomie	Astronomi
Biochimie	Biokimia
Biologie	Biologi
Botanique	Botani
Chimie	Kimia
Écologie	Ekologi
Géologie	Geologi
Immunologie	Imunologi
Linguistique	Linguistik
Mécanique	Mekanika
Météorologie	Meteorologi
Minéralogie	Mineralogi
Neurologie	Neurologi
Physiologie	Fisiologi
Psychologie	Psikologi
Sociologie	Sosiologi
Thermodynamique	Termodinamika
Zoologie	Zoologi

Eau
Air

Canal	Kanal
Douche	Mandi
Évaporation	Penguapan
Fleuve	Sungai
Gel	Embun Beku
Geyser	Geyser
Glace	Es
Humide	Lembab
Humidité	Kelembaban
Inondation	Banjir
Irrigation	Irigasi
Lac	Danau
Mousson	Musim
Neige	Salju
Océan	Laut
Ouragan	Badai
Pluie	Hujan
Vagues	Gelombang
Vapeur	Uap

Escalade
Pendakian

Altitude	Ketinggian
Atmosphère	Suasana
Blessure	Cedera
Bottes	Sepatu Bot
Carte	Peta
Casque	Helm
Curiosité	Keingintahuan
Défis	Tantangan
Expert	Ahli
Étroit	Sempit
Force	Kekuatan
Formation	Pelatihan
Gants	Sarung Tangan
Grotte	Gua
Guides	Panduan
Physique	Fisik
Randonnée	Hiking
Stabilité	Stabilitas
Terrain	Medan

Exploration
Eksplorasi

Activité	Aktivitas
Animaux	Binatang
Courage	Keberanian
Cultures	Budaya
Dangers	Bahaya
Découverte	Penemuan
Détermination	Tekad
Espace	Ruang
Excitation	Kegembiraan
Épuisement	Kelelahan
Inconnu	Diketahui
Langue	Bahasa
Lointain	Jauh
Nouveau	Baru
Périlleux	Berbahaya
Sauvage	Liar
Terrain	Medan
Voyage	Bepergian

Échecs
Catur

Adversaire	Lawan
Blanc	Putih
Champion	Juara
Concours	Kontes
Défis	Tantangan
Diagonal	Diagonal
Intelligent	Cerdik
Jeu	Permainan
Joueur	Pemain
Noir	Hitam
Passif	Pasif
Points	Poin
Reine	Ratu
Règles	Aturan
Roi	Raja
Sacrifice	Pengorbanan
Stratégie	Strategi
Temps	Waktu
Tournoi	Turnamen

École #1
Sekolah # 1

Alphabet	Alfabet
Amis	Teman
Amusement	Menyenangkan
Bibliothèque	Perpustakaan
Chaise	Kursi
Crayon	Pensil
Des Stylos	Pena
Déjeuner	Makan Siang
Dossiers	Folder
Enseignant	Guru
Examens	Ujian
Livres	Buku
Math	Matematika
Nombres	Nomor
Papier	Kertas
Quiz	Kuis
Réponses	Jawaban
Salle de Classe	Kelas

École #2
Sekolah # 2

Activités	Kegiatan
Apprentissage	Belajar
Bibliothèque	Perpustakaan
Bus	Bis
Calendrier	Kalender
Ciseaux	Gunting
Crayon	Pensil
Dictionnaire	Kamus
Enseignant	Guru
Écriture	Menulis
Éducation	Pendidikan
Grammaire	Tata Bahasa
Jeux	Permainan
Lecture	Membaca
Littérature	Sastra
Livres	Buku
Math	Matematika
Ordinateur	Komputer
Papier	Kertas
Science	Ilmu

Écologie
Ekologi

Bénévoles	Relawan
Climat	Iklim
Communautés	Komunitas
Diversité	Perbedaan
Durable	Berkelanjutan
Espèce	Jenis
Faune	Fauna
Flore	Flora
Global	Global
Habitat	Habitat
Marais	Rawa
Marin	Laut
Montagnes	Gunung
Nature	Alam
Naturel	Alami
Plantes	Tanaman
Ressources	Sumber Daya
Sécheresse	Kekeringan
Variété	Variasi
Végétation	Vegetasi

Émotions
Emosi

Amour	Cinta
Calme	Tenang
Colère	Amarah
Contenu	Isi
Détendu	Santai
Embarrassé	Malu
Ennui	Kebosanan
Gentillesse	Kebaikan
Joie	Kegembiraan
Paix	Perdamaian
Peur	Takut
Reconnaissant	Bersyukur
Relief	Lega
Satisfait	Puas
Sympathie	Simpati
Tendresse	Kelembutan
Tranquillité	Ketenangan
Tristesse	Kesedihan

Épices
Rempah-Rempah

Aigre	Asam
Ail	Bawang Putih
Amer	Pahit
Anis	Anise
Cannelle	Kayu Manis
Cardamome	Kapulaga
Coriandre	Ketumbar
Cumin	Jinten
Curry	Kari
Fenouil	Adas
Gingembre	Jahe
Muscade	Pala
Oignon	Bawang
Paprika	Paprika
Poivre	Lada
Réglisse	Licorice
Safran	Kunyit
Saveur	Rasa
Sel	Garam
Vanille	Vanila

Été
Musim Panas

Amis	Teman
Camping	Camping
Étoiles	Bintang
Famille	Keluarga
Jardin	Kebun
Jeux	Permainan
Joie	Kegembiraan
Livres	Buku
Loisir	Rekreasi
Mer	Laut
Musique	Musik
Nourriture	Makanan
Plage	Pantai
Plongée	Menyelam
Relaxation	Relaksasi
Sandales	Sandal
Vacances	Liburan
Voyage	Bepergian

Ferme #1
Peternakan #1

Abeille	Lebah
Agriculture	Pertanian
Âne	Keledai
Bison	Bison
Champ	Bidang
Chat	Kucing
Cheval	Kuda
Chèvre	Kambing
Chien	Anjing
Clôture	Pagar
Corbeau	Gagak
Eau	Air
Engrais	Pupuk
Foin	Jerami
Miel	Sayang
Poulet	Ayam
Riz	Nasi
Troupeau	Kawanan
Vache	Sapi
Veau	Betis

Ferme #2
Peternakan #2

Agriculteur	Petani
Animaux	Binatang
Berger	Gembala
Blé	Gandum
Canard	Bebek
Fruit	Buah
Grange	Gudang
Irrigation	Irigasi
Lait	Susu
Lama	Llama
Légume	Sayur-Mayur
Maïs	Jagung
Mouton	Domba
Mûr	Matang
Nourriture	Makanan
Orge	Jelai
Pré	Padang Rumput
Ruche	Beehive
Tracteur	Traktor
Verger	Orchard

Fleurs
Bunga-Bunga

Bouquet	Buket
Gardénia	Gardenia
Hibiscus	Hibiscus
Jasmin	Melati
Jonquille	Daffodil
Lavande	Lavender
Lilas	Lilac
Lys	Lily
Magnolia	Magnolia
Marguerite	Daisy
Orchidée	Anggrek
Passiflore	Passionflower
Pavot	Poppy
Pétale	Kelopak
Pissenlit	Dandelion
Pivoine	Peony
Plumeria	Plumeria
Rose	Mawar
Trèfle	Semanggi
Tulipe	Tulip

Forêt Tropicale
Hutan Hujan

Amphibiens	Amfibi
Botanique	Botani
Climat	Iklim
Communauté	Komunitas
Diversité	Perbedaan
Espèce	Jenis
Indigène	Asli
Insectes	Serangga
Jungle	Hutan
Mammifères	Mamalia
Mousse	Lumut
Nature	Alam
Nuage	Awan
Oiseaux	Burung
Précieux	Berharga
Préservation	Pelestarian
Refuge	Naungan
Respect	Menghormati
Restauration	Restorasi

Formes
Bentuk

Arc	Arc
Bords	Tepi
Carré	Persegi
Cercle	Lingkaran
Coin	Sudut
Courbe	Kurva
Cône	Kerucut
Côté	Sisi
Cube	Kubus
Cylindre	Silinder
Ellipse	Elips
Hyperbole	Hiperbola
Ligne	Garis
Ovale	Oval
Polygone	Poligon
Prisme	Prisma
Pyramide	Piramida
Rond	Bulat
Sphère	Bola
Triangle	Segitiga

Fournitures d'Art
Perlengkapan Seni

Acrylique	Akrilik
Aquarelles	Cat Air
Argile	Tanah Liat
Brosses	Sikat
Caméra	Kamera
Chaise	Kursi
Charbon	Arang
Chevalet	Easel
Colle	Lem
Couleurs	Warna
Crayons	Pensil
Créativité	Kreativitas
Eau	Air
Encre	Tinta
Gomme	Penghapus
Huile	Minyak
Idées	Ide
Papier	Kertas
Pastels	Pastel
Table	Meja

Fruit
Buah

Abricot	Aprikot
Ananas	Nanas
Avocat	Alpukat
Baie	Berry
Banane	Pisang
Cerise	Ceri
Citron	Lemon
Figue	Ara
Framboise	Raspberry
Goyave	Jambu
Kiwi	Kiwi
Mangue	Mangga
Melon	Melon
Nectarine	Nectarine
Orange	Jeruk
Papaye	Pepaya
Pêche	Persik
Poire	Pir
Pomme	Apel
Raisin	Anggur

Géographie
Geografi

Altitude	Ketinggian
Atlas	Atlas
Carte	Peta
Continent	Benua
Équateur	Khatulistiwa
Fleuve	Sungai
Hémisphère	Belahan Bumi
Île	Pulau
Latitude	Garis Lintang
Longitude	Garis Bujur
Mer	Laut
Méridien	Meridian
Monde	Dunia
Montagne	Gunung
Nord	Utara
Ouest	Barat
Pays	Negara
Sud	Selatan
Territoire	Wilayah
Ville	Kota

Géologie
Geologi

Acide	Asam
Calcium	Kalsium
Caverne	Gua
Continent	Benua
Corail	Karang
Couche	Lapisan
Cristaux	Kristal
Érosion	Erosi
Fondu	Cair
Fossile	Fosil
Geyser	Geyser
Lave	Lahar
Minéraux	Mineral
Pierre	Batu
Quartz	Kuarsa
Sel	Garam
Stalactite	Stalaktit
Stalagmites	Stalagmit
Volcan	Gunung Berapi
Zone	Zona

Herboristerie
Herbalisme

Ail	Bawang Putih
Aromatique	Aromatik
Basilic	Kemangi
Bénéfique	Bermanfaat
Culinaire	Kuliner
Estragon	Tarragon
Fenouil	Adas
Fleur	Bunga
Ingrédient	Bahan
Jardin	Kebun
Lavande	Lavender
Marjolaine	Marjoram
Menthe	Mint
Persil	Peterseli
Qualité	Kualitas
Romarin	Rosemary
Safran	Kunyit
Saveur	Rasa
Thym	Timi
Vert	Hijau

Insectes
Serangga

Abeille	Lebah
Cafard	Kecoa
Cigale	Jangkrik
Coccinelle	Ladybug
Fourmi	Semut
Frelon	Hornet
Guêpe	Tawon
Larve	Larva
Libellule	Capung
Mante	Mantis
Moucheron	Agas
Moustique	Nyamuk
Papillon	Kupu-Kupu
Puce	Kutu
Puceron	Aphid
Sauterelle	Belalang
Scarabée	Kumbang
Termite	Rayap
Ver	Cacing

Instruments de Musique
Instrumen Musik

Banjo	Banjo
Basson	Bassoon
Clarinette	Klarinet
Flûte	Seruling
Gong	Gong
Guitare	Gitar
Harmonica	Harmonika
Harpe	Harpa
Hautbois	Obo
Mandoline	Mandolin
Marimba	Marimba
Percussion	Perkusi
Piano	Piano
Saxophone	Saksofon
Tambour	Drum
Tambourin	Rebana
Trombone	Trombon
Trompette	Terompet
Violon	Biola
Violoncelle	Selo

Jardin
Taman

Arbre	Pohon
Banc	Bangku
Buisson	Semak
Clôture	Pagar
Étang	Kolam
Fleur	Bunga
Garage	Garasi
Herbe	Rumput
Jardin	Kebun
Mauvaises Herbes	Gulma
Pelle	Sekop
Porche	Beranda
Râteau	Menyapu
Roches	Batu
Sol	Tanah
Terrasse	Teras
Trampoline	Trampolin
Tuyau	Selang
Verger	Orchard
Vigne	Vine

Jouets
Mainan

Argile	Tanah Liat
Artisanat	Kerajinan
Avion	Pesawat
Balle	Bola
Bateau	Perahu
Camion	Truk
Cerf-Volant	Layang-Layang
Crayons	Krayon
Échecs	Catur
Favori	Favorit
Imagination	Imajinasi
Jeux	Permainan
Livres	Buku
Poupée	Boneka
Puzzle	Teka-Teki
Robot	Robot
Tambours	Drum
Train	Kereta
Vélo	Sepeda
Voiture	Mobil

Jours et Mois
Hari dan Bulan

Août	Agustus
Avril	April
Calendrier	Kalender
Décembre	Desember
Dimanche	Minggu
Février	Februari
Janvier	Januari
Jeudi	Kamis
Juillet	Juli
Juin	Juni
Lundi	Senin
Mardi	Selasa
Mars	Maret
Mercredi	Rabu
Mois	Bulan
Novembre	November
Octobre	Oktober
Samedi	Sabtu
Septembre	September
Vendredi	Jumat

Les Abeilles
Lebah

Ailes	Sayap
Bénéfique	Bermanfaat
Cire	Lilin
Diversité	Perbedaan
Essaim	Kawanan
Écosystème	Ekosistem
Fleur	Mekar
Fleurs	Bunga
Fruit	Buah
Fumée	Asap
Habitat	Habitat
Insecte	Serangga
Jardin	Kebun
Miel	Sayang
Nourriture	Makanan
Plantes	Tanaman
Pollen	Serbuk Sari
Reine	Ratu
Ruche	Sarang
Soleil	Matahari

Légumes
Sayuran

Ail	Bawang Putih
Algue	Rumput Laut
Artichaut	Artichoke
Aubergine	Terong
Brocoli	Brokoli
Carotte	Wortel
Céleri	Seledri
Champignon	Jamur
Citrouille	Labu
Concombre	Mentimun
Échalote	Bawang Merah
Épinard	Bayam
Gingembre	Jahe
Navet	Lobak
Oignon	Bawang
Olive	Zaitun
Persil	Peterseli
Pois	Kacang
Salade	Salad
Tomate	Tomat

Littérature
Literatur

Analogie	Analogi
Analyse	Analisis
Anecdote	Anekdot
Auteur	Penulis
Biographie	Biografi
Comparaison	Perbandingan
Conclusion	Kesimpulan
Description	Deskripsi
Dialogue	Dialog
Fiction	Fiksi
Métaphore	Metafora
Narrateur	Narator
Poème	Puisi
Poétique	Puitis
Rime	Sajak
Roman	Novel
Rythme	Irama
Style	Gaya
Thème	Tema
Tragédie	Tragedi

Livres
Buku-Buku

Auteur	Penulis
Aventure	Petualangan
Collection	Koleksi
Contexte	Konteks
Dualité	Dualitas
Écrit	Ditulis
Épique	Epik
Histoire	Cerita
Historique	Historis
Humoristique	Lucu
Inventif	Inventif
Lecteur	Pembaca
Littéraire	Sastra
Narrateur	Narator
Page	Halaman
Pertinent	Relevan
Poésie	Puisi
Roman	Novel
Série	Seri
Tragique	Tragis

Maison
Rumah

Balai	Sapu
Bibliothèque	Perpustakaan
Chambre	Ruangan
Cheminée	Perapian
Clés	Kunci
Clôture	Pagar
Cuisine	Dapur
Douche	Mandi
Fenêtre	Jendela
Garage	Garasi
Grenier	Loteng
Jardin	Kebun
Lampe	Lampu
Miroir	Cermin
Mur	Dinding
Plafond	Langit-Langit
Porte	Pintu
Rideaux	Tirai
Tapis	Karpet
Toit	Atap

Mammifères
Mamalia

Baleine	Paus
Chat	Kucing
Cheval	Kuda
Chien	Anjing
Coyote	Coyote
Dauphin	Lumba-Lumba
Éléphant	Gajah
Girafe	Jerapah
Gorille	Gorila
Kangourou	Kanguru
Lapin	Kelinci
Lion	Singa
Loup	Serigala
Mouton	Domba
Ours	Beruang
Renard	Rubah
Singe	Monyet
Taureau	Banteng
Tigre	Harimau
Zèbre	Zebra

Mathématiques
Matematika

Angles	Sudut
Arithmétique	Hitung
Carré	Persegi
Circonférence	Lingkar
Décimal	Desimal
Diamètre	Diameter
Exposant	Eksponen
Équation	Persamaan
Fraction	Fraksi
Géométrie	Geometri
Parallèle	Paralel
Parallélogramme	Parallelogram
Perpendiculaire	Tegak Lurus
Périmètre	Perimeter
Polygone	Poligon
Rayon	Radius
Somme	Jumlah
Symétrie	Simetri
Triangle	Segitiga
Volume	Volume

Mesures
Pengukuran

Centimètre	Sentimeter
Degré	Derajat
Décimal	Desimal
Gramme	Gram
Hauteur	Tinggi
Kilogramme	Kilogram
Kilomètre	Kilometer
Largeur	Lebar
Litre	Liter
Longueur	Panjang
Masse	Massa
Mètre	Meter
Minute	Menit
Octet	Byte
Once	Ons
Poids	Berat
Pouce	Inci
Profondeur	Kedalaman
Tonne	Ton
Volume	Volume

Méditation
Meditasi

Acceptation	Penerimaan
Attention	Perhatian
Calme	Tenang
Clarté	Kejelasan
Compassion	Kasih Sayang
Esprit	Pikiran
Émotions	Emosi
Éveillé	Bangun
Gentillesse	Kebaikan
Gratitude	Syukur
Habitudes	Kebiasaan
Mental	Mental
Mouvement	Gerakan
Musique	Musik
Nature	Alam
Observation	Observasi
Paix	Perdamaian
Perspective	Perspektif
Posture	Sikap
Silence	Kesunyian

Météo
Cuaca

Arc-En-Ciel	Pelangi
Atmosphère	Suasana
Brouillard	Kabut
Calme	Tenang
Ciel	Langit
Climat	Iklim
Glace	Es
Humide	Lembab
Inondation	Banjir
Mousson	Musim
Nuage	Awan
Polaire	Kutub
Sec	Kering
Sécheresse	Kekeringan
Température	Suhu
Tempête	Badai
Tonnerre	Guntur
Tornade	Tornado
Tropical	Tropis
Vent	Angin

Mythologie
Mitologi

Archétype	Pola Dasar
Catastrophe	Bencana
Comportement	Perilaku
Création	Penciptaan
Créature	Makhluk
Croyances	Keyakinan
Culture	Budaya
Éclair	Petir
Force	Kekuatan
Guerrier	Pejuang
Héros	Pahlawan
Immortalité	Keabadian
Jalousie	Kecemburuan
Labyrinthe	Labirin
Légende	Legenda
Magique	Gaib
Monstre	Rakasa
Mortel	Fana
Tonnerre	Guntur
Vengeance	Balas Dendam

Nature
Alam

Abeilles	Lebah
Abri	Penampungan
Animaux	Binatang
Arctique	Arktik
Beauté	Kecantikan
Brouillard	Kabut
Désert	Gurun
Dynamique	Dinamis
Érosion	Erosi
Feuillage	Dedaunan
Fleuve	Sungai
Forêt	Hutan
Glacier	Gletser
Montagnes	Gunung
Nuage	Awan
Paisible	Tenang
Sanctuaire	Suaka
Sauvage	Liar
Tropical	Tropis
Vital	Vital

Nombres
Angka

Cinq	Lima
Deux	Dua
Décimal	Desimal
Dix	Sepuluh
Dix-Huit	Delapan Belas
Dix-Sept	Tujuh Belas
Douze	Dua Belas
Huit	Delapan
Neuf	Sembilan
Quatorze	Empat Belas
Quatre	Empat
Quinze	Lima Belas
Seize	Enam Belas
Sept	Tujuh
Six	Enam
Treize	Tiga Belas
Trois	Tiga
Un	Satu
Vingt	Dua Puluh
Zéro	Nol

Nourriture #1
Makanan # 1

Ail	Bawang Putih
Basilic	Kemangi
Café	Kopi
Cannelle	Kayu Manis
Carotte	Wortel
Citron	Lemon
Épinard	Bayam
Fraise	Stroberi
Jus	Jus
Lait	Susu
Navet	Lobak
Oignon	Bawang
Orge	Jelai
Poire	Pir
Salade	Salad
Sel	Garam
Soupe	Sup
Sucre	Gula
Thon	Tuna
Viande	Daging

Nourriture #2
Makanan # 2

Amande	Almond
Aubergine	Terong
Banane	Pisang
Blé	Gandum
Brocoli	Brokoli
Cerise	Ceri
Céleri	Seledri
Champignon	Jamur
Chocolat	Coklat
Jambon	Ham
Kiwi	Kiwi
Mangue	Mangga
Oeuf	Telur
Pain	Roti
Poisson	Ikan
Pomme	Apel
Poulet	Ayam
Raisin	Anggur
Riz	Nasi
Tomate	Tomat

Nutrition
Nutrisi

Amer	Pahit
Appétit	Nafsu Makan
Calories	Kalori
Comestible	Bisa Dimakan
Diète	Diet
Digestion	Pencernaan
Épices	Rempah-Rempah
Équilibré	Seimbang
Fermentation	Fermentasi
Glucides	Karbohidrat
Liquides	Cairan
Poids	Berat
Protéines	Protein
Qualité	Kualitas
Sain	Sehat
Santé	Kesehatan
Sauce	Saus
Saveur	Rasa
Toxine	Racun
Vitamine	Vitamin

Océan
Samudra

Algue	Rumput Laut
Anguille	Belut
Baleine	Paus
Bateau	Perahu
Corail	Karang
Crabe	Kepiting
Crevette	Udang
Dauphin	Lumba-Lumba
Éponge	Spons
Huître	Tiram
Méduse	Ubur-Ubur
Poisson	Ikan
Poulpe	Gurita
Requin	Hiu
Récif	Terumbu
Sel	Garam
Tempête	Badai
Thon	Tuna
Tortue	Penyu
Vagues	Ombak

Oiseaux
Burung-Burung

Aigle	Elang
Autruche	Burung Unta
Canard	Bebek
Canari	Kenari
Cigogne	Bangau
Colombe	Merpati
Corbeau	Gagak
Coucou	Cuckoo
Cygne	Angsa
Flamant	Flamingo
Hibou	Burung Hantu
Manchot	Penguin
Moineau	Burung Pipit
Mouette	Gull
Oeuf	Telur
Paon	Merak
Perroquet	Burung Beo
Pélican	Pelikan
Poulet	Ayam
Toucan	Toucan

Outils
Peralatan

Agrafe	Pokok
Agrafeuse	Stapler
Câble	Kabel
Ciseaux	Gunting
Colle	Lem
Corde	Tali
Couteau	Pisau
Échelle	Tangga
Hache	Kapak
Maillet	Mallet
Marteau	Palu
Pelle	Sekop
Pinces	Tang
Rasoir	Pisau Cukur
Règle	Penggaris
Roue	Roda
Torche	Obor
Vis	Baut

Pays #2
Negara #2

Albanie	Albania
Chine	Cina
Danemark	Denmark
France	Perancis
Haïti	Haiti
Indonésie	Indonesia
Irlande	Irlandia
Jamaïque	Jamaika
Japon	Jepang
Kenya	Kenya
Laos	Laos
Liban	Libanon
Mexique	Meksiko
Ouganda	Uganda
Pakistan	Pakistan
Russie	Rusia
Somalie	Somalia
Soudan	Sudan
Syrie	Suriah
Ukraine	Ukraina

Paysages
Pemandangan Alam

Cascade	Air Terjun
Colline	Bukit
Désert	Gurun
Estuaire	Muara
Fleuve	Sungai
Geyser	Geyser
Glacier	Gletser
Grotte	Gua
Iceberg	Gunung Es
Île	Pulau
Lac	Danau
Marais	Rawa
Mer	Laut
Montagne	Gunung
Oasis	Oasis
Péninsule	Semenanjung
Plage	Pantai
Toundra	Tundra
Vallée	Lembah
Volcan	Gunung Berapi

Pêche
Penangkapan Ikan

Appât	Umpan
Bateau	Perahu
Branchies	Insang
Crochet	Kait
Cuire	Masak
Eau	Air
Exagération	Berlebihan
Équipement	Peralatan
Fil	Kawat
Fleuve	Sungai
Lac	Danau
Mâchoire	Rahang
Océan	Laut
Panier	Keranjang
Patience	Kesabaran
Plage	Pantai
Poids	Berat
Saison	Musim

Pirates
Bajak Laut

Ancre	Jangkar
Aventure	Petualangan
Capitaine	Kapten
Carte	Peta
Cicatrice	Bekas Luka
Danger	Bahaya
Drapeau	Bendera
Épée	Pedang
Équipage	Awak
Grotte	Gua
Île	Pulau
Légende	Legenda
Mauvais	Buruk
Océan	Laut
Or	Emas
Perroquet	Burung Beo
Pièces	Koin
Plage	Pantai
Rhum	Rum
Trésor	Harta Karun

Plage
Pantai

Bateau	Perahu
Bleu	Biru
Coquilles	Kerang
Côte	Pantai
Crabe	Kepiting
Dock	Dok
Île	Pulau
Lagune	Laguna
Mer	Laut
Parapluie	Payung
Récif	Terumbu
Sable	Pasir
Sandales	Sandal
Serviette	Handuk
Soleil	Matahari
Vacances	Liburan
Voilier	Perahu Layar

Plantes
Tanaman

Arbre	Pohon
Baie	Berry
Bambou	Bambu
Botanique	Botani
Buisson	Semak
Cactus	Kaktus
Engrais	Pupuk
Feuillage	Dedaunan
Fleur	Bunga
Flore	Flora
Forêt	Hutan
Grandir	Tumbuh
Haricot	Kacang
Herbe	Rumput
Jardin	Kebun
Lierre	Ivy
Mousse	Lumut
Pétale	Kelopak
Racine	Akar
Végétation	Vegetasi

Professions #1
Profesi # 1

Ambassadeur	Duta Besar
Artiste	Artis
Astronome	Astronom
Avocat	Pengacara
Banquier	Bankir
Bijoutier	Perhiasan
Cartographe	Kartografer
Chasseur	Hunter
Danseur	Penari
Entraîneur	Pelatih
Éditeur	Editor
Géologue	Ahli Geologi
Infirmière	Perawat
Médecin	Dokter
Musicien	Musisi
Pianiste	Pianis
Plombier	Tukang Ledeng
Psychologue	Psikolog
Scientifique	Ilmuwan
Vétérinaire	Dokter Hewan

Professions #2
Profesi # 2

Astronaute	Astronot
Bibliothécaire	Pustakawan
Biologiste	Ahli Biologi
Chercheur	Peneliti
Chirurgien	Ahli Bedah
Dentiste	Dokter Gigi
Détective	Detektif
Enseignant	Guru
Illustrateur	Ilustrator
Ingénieur	Insinyur
Inventeur	Penemu
Jardinier	Tukang Kebun
Journaliste	Wartawan
Linguiste	Ahli Bahasa
Médecin	Dokter
Peintre	Pelukis
Philosophe	Filsuf
Photographe	Fotografer
Pilote	Pilot
Zoologiste	Zoologi

Randonnée
Mendaki

Animaux	Binatang
Bottes	Sepatu Bot
Camping	Camping
Carte	Peta
Climat	Iklim
Eau	Air
Falaise	Tebing
Fatigué	Lelah
Guides	Panduan
Lourd	Berat
Météo	Cuaca
Montagne	Gunung
Nature	Alam
Orientation	Orientasi
Parcs	Taman
Pierres	Batu
Préparation	Persiapan
Sauvage	Liar
Soleil	Matahari
Sommet	Puncak

Remplir
Untuk Mengisi

Baril	Barel
Bassin	Baskom
Boîte	Kotak
Bouteille	Botol
Caisse	Peti
Carton	Karton
Dossier	Map
Enveloppe	Amplop
Navire	Kapal
Panier	Keranjang
Paquet	Paket
Plateau	Baki
Poche	Saku
Pot	Jar
Sac	Tas
Seau	Ember
Tiroir	Laci
Tube	Tabung
Valise	Koper
Vase	Vas

Restaurant #1
Restoran # 1

Allergie	Alergi
Assiette	Piring
Bol	Mangkuk
Café	Kopi
Caissier	Kasir
Couteau	Pisau
Cuisine	Dapur
Dessert	Pencuci Mulut
Épicé	Pedas
Ingrédients	Bahan
Menu	Menu
Nourriture	Makanan
Pain	Roti
Poulet	Ayam
Réservation	Reservasi
Sauce	Saus
Serveuse	Pelayan
Serviette	Serbet
Viande	Daging

Restaurant #2
Restoran #2

Boisson	Minuman
Chaise	Kursi
Cuillère	Sendok
Déjeuner	Makan Siang
Délicieux	Lezat
Dîner	Makan Malam
Eau	Air
Épices	Rempah-Rempah
Fourchette	Garpu
Fruit	Buah
Gâteau	Kue
Glace	Es
Légumes	Sayuran
Nouilles	Mie
Oeuf	Telur
Poisson	Ikan
Salade	Salad
Sel	Garam
Serveur	Pelayan
Soupe	Sup

Science
Sains

Atome	Atom
Chimique	Bahan Kimia
Climat	Iklim
Données	Data
Expérience	Percobaan
Évolution	Evolusi
Fait	Fakta
Fossile	Fosil
Gravité	Gravitasi
Hypothèse	Hipotesis
Laboratoire	Laboratorium
Méthode	Metode
Minéraux	Mineral
Molécules	Molekul
Nature	Alam
Observation	Observasi
Organisme	Organisme
Particules	Partikel
Physique	Fisika
Scientifique	Ilmuwan

Science-Fiction
Fiksi Ilmiah

Atomique	Atom
Cinéma	Bioskop
Explosion	Ledakan
Extrême	Ekstrem
Fantastique	Fantastis
Feu	Api
Futuriste	Futuristik
Galaxie	Galaksi
Illusion	Ilusi
Imaginaire	Imajiner
Livres	Buku
Monde	Dunia
Mystérieux	Gaib
Oracle	Oracle
Planète	Planet
Réaliste	Realistis
Robots	Robot
Scénario	Skenario
Technologie	Teknologi
Utopie	Utopia

Sons
Suara

Applaudir	Bertepuk
Bruyant	Berisik
Chuchoter	Bisik
Chœur	Paduan Suara
Cloche	Lonceng
Concert	Konser
Écho	Gema
Fort	Keras
Gémir	Erangan
Répétitif	Berulang
Résonnant	Resonan
Rire	Tawa
Sifflet	Peluit
Sirènes	Sirene
Toux	Batuk
Vibration	Getaran
Voix	Suara

Sports
Olahraga

Arbitre	Wasit
Athlète	Atlet
Base-Ball	Bisbol
Basket-Ball	Basket
Championnat	Kejuaraan
Entraîneur	Pelatih
Équipe	Tim
Gagnant	Pemenang
Golf	Golf
Gymnase	Gimnasium
Gymnastique	Senam
Hockey	Hoki
Jeu	Permainan
Joueur	Pemain
Mouvement	Gerakan
Stade	Stadion
Tennis	Tenis
Vélo	Sepeda

Surf
Berselancar

Amusement	Menyenangkan
Athlète	Atlet
Champion	Juara
Débutant	Pemula
Estomac	Perut
Extrême	Ekstrem
Force	Kekuatan
Foules	Keramaian
Météo	Cuaca
Mousse	Busa
Océan	Laut
Pagaie	Dayung
Plage	Pantai
Populaire	Populer
Récif	Terumbu
Style	Gaya
Vague	Melambai
Vitesse	Kecepatan

Technologie
Teknologi

Affichage	Tampilan
Blog	Blog
Caméra	Kamera
Curseur	Kursor
Données	Data
Écran	Layar
Fichier	Fail
Internet	Internet
Message	Pesan
Navigateur	Peramban
Numérique	Digital
Octets	Byte
Ordinateur	Komputer
Police	Font
Recherche	Riset
Sécurité	Keamanan
Statistiques	Statistik
Virtuel	Maya
Virus	Virus

Temps
Waktu

Année	Tahun
Annuel	Tahunan
Après	Setelah
Aujourd'Hui	Hari Ini
Avant	Sebelum
Bientôt	Segera
Calendrier	Kalender
Décennie	Dasawarsa
Futur	Masa Depan
Heure	Jam
Hier	Kemarin
Jour	Hari
Maintenant	Sekarang
Matin	Pagi
Midi	Siang
Minute	Menit
Mois	Bulan
Nuit	Malam
Semaine	Minggu
Siècle	Abad

Types de Cheveux
Jenis Rambut

Argent	Perak
Blanc	Putih
Blond	Pirang
Boucles	Ikal
Brillant	Berkilau
Chauve	Botak
Coloré	Berwarna
Court	Pendek
Doux	Lembut
Épais	Tebal
Frisé	Keriting
Gris	Abu-Abu
Long	Panjang
Marron	Cokelat
Mince	Tipis
Noir	Hitam
Ondulé	Bergelombang
Sain	Sehat
Sec	Kering
Tressé	Dikepang

Vacances #2
Liburan #2

Aéroport	Bandara
Camping	Camping
Carte	Peta
Destination	Tujuan
Étranger	Orang Asing
Hôtel	Hotel
Île	Pulau
Loisir	Rekreasi
Mer	Laut
Passeport	Paspor
Plage	Pantai
Restaurant	Restoran
Réservations	Reservasi
Taxi	Taksi
Tente	Tenda
Train	Kereta
Transport	Transportasi
Vacances	Liburan
Visa	Visa
Voyage	Perjalanan

Vertus #1
Kebajikan #1

Artistique	Artistik
Bon	Bagus
Charmant	Menawan
Confiant	Percaya Diri
Curieux	Penasaran
Décisif	Menentukan
Drôle	Lucu
Efficace	Efisien
Généreux	Dermawan
Imaginatif	Imajinatif
Indépendant	Mandiri
Intelligent	Cerdas
Modeste	Sederhana
Passionné	Asyik
Patient	Sabar
Pratique	Praktis
Propre	Bersih
Sage	Bijaksana
Utile	Membantu

Véhicules
Kendaraan

Ambulance	Ambulans
Avion	Pesawat
Bateau	Perahu
Bus	Bis
Camion	Truk
Caravane	Kafilah
Ferry	Feri
Fusée	Roket
Hélicoptère	Helikopter
Moteur	Motor
Navette	Shuttle
Pneus	Ban
Radeau	Rakit
Scooter	Skuter
Sous-Marin	Kapal Selam
Taxi	Taksi
Tracteur	Traktor
Train	Kereta
Vélo	Sepeda
Voiture	Mobil

Vêtements
Pakaian

Bracelet	Gelang
Ceinture	Ikat Pinggang
Chapeau	Topi
Chaussure	Sepatu
Chemise	Baju
Chemisier	Blus
Collier	Kalung
Foulard	Syal
Gants	Sarung Tangan
Jeans	Jeans
Jupe	Rok
Manteau	Mantel
Mode	Mode
Pantalon	Celana
Pull	Sweter
Pyjama	Piyama
Robe	Gaun
Sandales	Sandal
Tablier	Celemek
Veste	Jas

Ville
Kota

Aéroport	Bandara
Banque	Bank
Bibliothèque	Perpustakaan
Boulangerie	Toko Roti
Cinéma	Bioskop
Clinique	Klinik
École	Sekolah
Fleuriste	Florist
Galerie	Galeri
Hôtel	Hotel
Librairie	Toko Buku
Marché	Pasar
Musée	Museum
Pharmacie	Farmasi
Restaurant	Restoran
Salon	Salon
Stade	Stadion
Supermarché	Supermarket
Théâtre	Teater
Université	Universitas

Félicitations

Vous avez réussi !

Nous espérons que vous avez apprécié ce livre autant que nous avons pris plaisir à le concevoir. Nous faisons de notre mieux pour créer des livres de la meilleure qualité possible.
Cette édition est conçue pour permettre un apprentissage intelligent et de qualité en se divertissant !

Vous avez aimé ce livre ?

Une Simple Demande

Nos livres existent grâce aux avis que vous publiez. Pourriez-vous nous aider en laissant un avis maintenant ?

Voici un lien rapide qui vous mènera à votre
page d'évaluation de vos commandes :

BestBooksActivity.com/Avis50

CHALLENGE FINAL !

Défi n°1

Êtes-vous prêt pour votre jeu bonus ? Nous les utilisons tout le temps mais ils ne sont pas si faciles à trouver. Voici les **Synonymes** !

Notez 5 mots que vous avez trouvés dans les puzzles notés ci-dessous (n°21, n°36, n°76) et essayez de trouver 2 synonymes pour chaque mot.

Notez 5 Mots du *Puzzle 21*

Mots	Synonyme 1	Synonyme 2

Notez 5 Mots du *Puzzle 36*

Mots	Synonyme 1	Synonyme 2

Notez 5 Mots du *Puzzle 76*

Mots	Synonyme 1	Synonyme 2

Défi n°2

Maintenant que vous vous êtes échauffé, notez 5 mots que vous avez découverts dans les Puzzles n° 9, n° 17, n° 25 et essayez de trouver 2 antonymes pour chaque mot. Combien pouvez-vous en trouver en 20 minutes ?

Notez 5 Mots du **Puzzle 9**

Mots	Antonyme 1	Antonyme 2

Notez 5 Mots du **Puzzle 17**

Mots	Antonyme 1	Antonyme 2

Notez 5 Mots du **Puzzle 25**

Mots	Antonyme 1	Antonyme 2

Défi n°3

Formidable ! Ce défi final n'est rien pour vous.

Prêt pour le dernier défi ? Choisissez 10 mots que vous avez découverts parmi les différents puzzles et notez-les ci-dessous.

1.	6.
2.	7.
3.	8.
4.	9.
5.	10.

Maintenant, composez un texte en pensant à une personne, un animal ou un lieu que vous aimez !

Astuce: Vous pouvez utiliser la dernière page de ce livre comme brouillon !

Votre Composition :

_____

_____

_____

_____

_____

_____

_____

CARNET DE NOTES :

À TRÈS BIENTÔT !

Toute l'équipe

DECOUVREZ DES JEUX GRATUITS

GO

BESTACTIVITYBOOKS.COM/FREEGAMES